"茅舍槿篱溪曲"

"门外春波荡绿"

踏上回归精神故里寻古探幽的旅程，

感受乡土的温暖与润泽，

体味精神家园的馨香。

四川
莫洛

中国历史文化名城·名镇·名村丛书

中国民间文艺家协会 / 组织编写

总主编 / 潘鲁生 荣书琴 刘超

本卷主编 / 李锦

知识产权出版社

全国百佳图书出版单位

—北京—

《中国历史文化名村·四川莫洛》
编委会

主　　编｜李　锦
撰　　稿｜李　锦　洪　霖　王春雨　唐　素　白　宗
　　　　　熊建慧　刘　杰
摄　　影｜徐凯琦　阿　罗　张　健
英文翻译｜赵　昱

邱运华

　　传统村落保护是当下中国文化遗产保护工作中最重要的社会性课题之一。对于一个具有绵延五千年不间断农业文明的民族来说，传统村落能否得到妥善保护更是一个文明能否传承的关键问题。

　　传统村落保护是当代社会发展的普遍问题，不独中国社会存在，西方发达国家存在，东方发达国家也存在。从世界范围看，这是一个国家从欠发达到发达、从农业社会过渡到工业社会、从以农村为主体发展到城镇化生活方式过程中普遍存在的问题。有学者把中国农村经济结构改造、社群建设、新文化建设和整体民生改善工作这一进程，追溯到 20 世纪 50 年代。但我以为，它毕竟不是我们现在所处的整体转向工业化、城市化进程中遇到的课题。中国社会同一性质的乡村保护课题，起源还是世纪之交的 2003 年 2 月 18 日"中国民间文化遗产抢救工程"。2012 年 12 月 12 日，住房和城乡建设部、文化部、财政部联合发布《关于加强传统村落保护发展工作的指导意见》，2014 年 4 月 25 日，除上述三部外又增加了国家文物局，联合发布《关于切实加强中国传统村落保护的指导意见》，两次重申传统村落保护的联合行动。冯骥才先生在 2012 年的一篇文章里把传统村落保护提高到文明传承的高度，我认为非常正确。中国社会各界对传统乡村保护的问题，有着非常积极的呼应。

　　中国是发展中国家，但是从东部、南部和东南部区域看，具有发达国家的某些特征。农村人口从西部向东部、从村落向城镇转移，是1990—2010年最重要的社会现象，这一巨大的人口变迁集中表现为城镇人口急速膨胀、传统村落急速空心化，不少历史悠久的自然村落仅仅剩下老人和儿童。因此，传统村落的保护在中国面临的问题，与发达国家相比，具有共同性。例如，从"二战"后恢复到工业化时期，德国和日本先后进行的村落更新或改造项目具有几个明显特征：一是以激发村落内部活力、发展农村经济作为前提，以改造农村基本生活设施作为基础展开；二是村落更新或再造项目以土地管理法令的再研究作为保障；三是建立了学术界论证、公布更新或再造规划、政府支持的财政额度及投入指向、个性化改造方案与村民意愿表达的有效沟通机制，有效保护村落历史文化、自然风景、公共空间与私人空间等要素。综合来看，先行的国家特别注重传统村落的"民间日常生活"保存问题。

所谓"民间日常生活"的具体含义是什么？乃指传统村落村民群体的方言、交往方式、经济生产活动、衣食住行、生老病死、教育、节日活动、传统风俗、民间信仰活动以及区域性的传统手工艺活动等，以及上述种种的精神性、思想性、文化性、艺术性和物质性表现形态。长期以来，中国传统村落之所以成为民族文化的保留者和传承平台，核心在于保存着这个民间日常生活，它的内容和方式，在民间日常生活的基础上，方可承载不同样式、层次的民族文化。

之所以在这里提出将"民间日常生活"作为传统村落的文化基础问题，乃是因为看到目前对待传统村落的两种观点具有一定的欺骗性，并不同程度地主宰和误导了传统村落的基本价值指向。一种是浪漫主义传统村落观，一种是商业主义传统村落观。浪漫主义传统

村落观把传统村落理想化、浪漫化，仿佛传统村落是用来怀旧的，象征着一切美好的自然与人类的和谐，田园风光，日出而作，日落而息，男耕女织，像是《桃花源记》里的武陵源，"不知有汉，无论魏晋"。但是，这不是民间日常生活；民间日常生活还包含在落后生产力条件下的温饱之苦、辛劳之苦，是传统村落里百姓的生活常态；生产关系之阶级阶层压迫、政治强权和无权地位，以及在自然面前束手无策，在兵灾、匪患和种种欺男霸女面前的悲惨状态，甚至中华人民共和国成立以来出现过的政治压迫、思想禁锢和社会运动之灾，是乡村浪漫主义者无法想象的，而这，就是大多数传统村落的民间日常生活。文人雅士，在欣赏田园风光和依依炊烟之时，能否探入茅舍，去看看灶台、铁锅和橱柜，去看看大量农夫、农妇的身影，他们是否仍然饥饿、寒冷？或者他们的孩子是在劳作还是就学？商业主义传统村落观呢，则直接把传统村落改造成伪古典主义的模板，打造成千篇一律的青砖瓦房，虚构出一系列英雄史诗和骑士传奇，或者才子佳人和神异仙境的故事，两者相嫁接，转化为商业价值或者政绩价值，成为行政或市场兜售的噱头，这一行为成为当下传统村落"保护"的常态。这两种传统村落观，一个共同的特点是把村落与民间日常生活相割裂，抹杀了民间日常生活在传统村落里的价值基础，从而，也直接把世世代代生活于这一场景中的村民赶出村落，嫌他们碍事，妨碍了我们的浪漫主义和商业主义梦想；他们不在场，我们可以肆意妄为地文化狂欢。那些在民间日常生活中久存的精神性的、思想性的、文化性的、艺术性的符号，均不在话下。但是，假如村民不在场，社群活力不再，传统村落如何是活态的呢？西方哲学有一个时髦术语，叫作"主体缺失"，因为主体缺失，因而话语狂欢。

关注传统村落的村民，无疑是中国传统村落保护的第一要素。但恰好是人这第一要素导致了传统村落的凋敝和乡愁的产生。

1990—2010年这二十年，一些区域传统村落里村民流动性的增强，特别是青壮年村民向东部、东南部和南部沿海地区季节性的流动，极大地影响了这些区域传统村落民间日常生活的展开，减弱了传统村落的社群活力，也相应减少了传统文化活动的开展。这样，构成传统村落民间日常生活的内容慢慢演变成淡黄色、苍白色，成为一种模糊记忆，抑或转化为一年一度的春节狂欢，最后，演变定格成为日常性质的乡愁。民间日常生活不再完整地体现在现在乡村生活之中。那个完整的民间日常生活，在我们不得不离开它的土壤之后，便蜕变为乡愁。乡愁这只蝴蝶的卵，就是民间日常生活。而伴随着乡愁这只蝴蝶而出现的，却是一个个村落日常生活不断凋敝、慢慢消失。乡愁成为我们必须抓住的蝴蝶，否则，我们的家乡便消失在块垒和空气之中，我们千百年创造的文化便无所依凭。然而，据统计，在进入21世纪（2000年）时，我国自然村总数为363万个；到了2010年，仅仅过去十年，自然村总数锐减为271万个。十年内减少约90万个。若是按照这个速度发展下去，三年、五年之后，我们的传统村落便无踪无影了。也就是说，出生和成长在这些村落而现在散居在世界各地的人们，将无以寄托他们的乡愁。若是其中有的村落有几百年、上千年甚至更久远的历史呢？若是其中有的村落有着华夏一个独特姓氏、家族、信仰和其他各种人文景观等等呢？

越来越多的学者开始从事传统乡村保护的研究工作，例如《人

民日报》2016 年 10 月 27 日发表了《老宅、流转、新生》为题的介绍黄山市探索古民居保护新机制的文章，还配发了题为《古民居保护，避免"书生意气"》的评论；《中国文化报》2016 年 10 月 29 日发表了题为《同乡村主人一起读懂文化传承》的文章，提出了"新乡村主义"的概念，在它的题目之下，包含有乡村治理、乡村重建和乡村产业化的多功能孵化等内容。为此，文章提出了"政府制定政策方向、标准化编列预算，聘请专家团队和 NGO 组织，进行顶层设计、人才培育、产业孵化和公共服务"四项基本措施，还配发了《莫让古民居保护负重前行》的文章。《光明日报》2016 年 11 月 15 日发表了题为《福建土堡：怎样在发展中留住乡愁》的报道，记叙了专家考察朱熹故乡福建三明尤溪土堡的过程；记者报道了残存的土堡现状，记录下专家们的意见：政府与社会资本合作的"PPP 模式"，面对乡村人口日趋减少的不可逆现实，应该吸引城市中的人回到乡村，将土堡打造为"民宿"，在不破坏现有形制的前提下，实现功能更新。也有专家提出，就保护而言，首先应该考虑当地人，人的利益是优先的，只有做到长期发展而不是只顾短期利益，文化遗产保护事业才能够持续发展，等等。

上述建议，已经超越了简单的乡愁情怀，而诉诸国家土地法规、资金筹措模式、专家功能实现等层次。应该说，在越来越深入研究、讨论的基础上，对传统村落保护的思路越来越宽了，为政府制定传统村落保护法提供了良好的基础。在国家立法的基础上，国家、地方政府组织专家开展普查，确认传统村落的级别，分别实施不同层次的激活、保护、开发，才有坚实的基础。

我理解，通过专家学者的普查、认定，得出的结论一定会有利于政府形成健全完备的保护方案和具体操作措施。一方面，对仍然有社群活力的乡村，实施新农村建设规划，改善其经济机制，改建生活设施，改善村民的生活条件，把工作重点聚焦到提高农业产业框架基础、为居民提供更好的生活环境、增强村庄文化意识、保存农村聚落特征上来。另一方面，为有着特殊文化传承却逐渐凋敝，甚至失去社群活力的乡村，探索一套完善保护的工作模式，形成一种工作机制，并得到国家法规政策的支持和保障，包括土地规划、投资体制、严格的环境保护，建立严格的农民参与机制等，为保留故乡记忆、记住我们的乡愁，留下一系列艺术博物馆、乡村技艺馆，产生具有独特价值的"乡愁符号"。

作为"中国民间文化遗产抢救工程"的重要项目之一，《中国历史文化名城·名镇·名村丛书》正是通过众多专家学者和民间文艺工作者辛勤的田野调查工作，在中国民协推动的"中国传统村落立档调查工程"所积聚的海量信息基础上，多学科、多视角地反映当下古城古镇和传统村落现状，发掘传统文化的独有魅力，进而为保护和传承优秀传统文化积累鲜活的素材，汇拢丰富的经验并寻觅科学的路径。相信这套丛书的出版将对古城古镇和传统村落的保护发挥积极作用。

2017 年 3 月

（作者系中国民间文艺家协会副主席）

愿乡愁这棵树，在中华大地美成诗（序二）

孟燕

从甘孜州调研回蓉，脑子里全是经过的每一个县各不相同、各美其美的藏式民居和各具特色的民间手工艺术，此时接到知识产权出版社孙昕老师电话，说《中国历史文化名村·四川恩阳》已后期排版，让抓紧写省卷序言。

不由得脑子里又浮现出刚去过的甘孜州一些城镇乡村的美景，如乡城县的"白藏房"，梯形样式，房顶一圈棕红色，点缀有圆点、方块的白色图案。每年在当地的传召节前，人们采山上特有的阿戈土掺水搅拌，从房墙上淋下，直到变白。不仅美观，防晒防雨，更包含颂平安、祈美好之寓意。藏式民居在道孚县则突出木石结构，花窗内饰雕梁画栋、华丽美观……而遗憾的是我们现在的大部分县市的建筑已是千城一面，无差异无美感，仅存的有特色的传统村落也随着由农耕文明迈向工业文明的步伐逐步空心化，有的急遽消失。这也是为什么自2012年起，国家正式将"中国传统村落"列入了保护名录。著名文化学者冯骥才先生说："这个时代文化的使命首先是抢救。"历史文化是一次性的，如果失去就没有了。我们可以大兴土木，再建高楼，但那些历史遗存下来的建筑、有文化记忆的场所，一旦毁损，便不可复生。

中华民族有五千年绵延不绝的文明史，这是我们傲然于世界民族之林的独特的贡献。我们走过的历程可以是一个个朝政更迭，一次次文化兴衰，其演变的历史故事都离不开生活的土地上的城镇乡村，从中，人类得以回望走过的路，认清自己民族性格和价值观形成的DNA，从而展望未来。

截至目前，我国先后公布有国家级历史文化名城142座，7批312个国家级历史文化名镇，487个国家级历史文化名村。其中四川有国家级历史文化名城6个，历史文化名镇31个，历史文化名村37个。古城、古镇、古村在中华五千年文明史中，扮演着极其重要的角色，承载着历史、文化、民俗、美学……甚至那一个个老井、古树、寨墙、牌坊、匾额、戏台、碑记，述说的不仅仅是岁月，更是我们所以成为中华民族的基因所在。而加上一个"名"字，则更彰显出悠久的历史、厚重的文化和独特的风貌，值得去保护、珍视。

中国民协以高度的文化自觉和担当精神，在全国推出"中国历史文化名城·名镇·名村丛书"的出版，这也是中国民间文化遗产抢救工程中的一个重大项目，得到各省学者、民间文化工作者的积极响应，成果丰硕。

四川民协选了巴中市恩阳古镇和甘孜藏族自治州的丹巴县莫洛村作为试点，先行出书。恩阳古镇历史悠久，是一块被红色文化浸润的土地。巴中市民协意识到位，积极响应。执笔的陈俊作为巴中市民协副主席非常熟悉、热爱当地民间文化。莫洛村则是典型的嘉绒藏族村，省民协副主席、四川大学藏学文化研究中心教授李锦，带学生在此做过多次考察调研。后续我们会按中国民协的部署，逐步编辑出版更多名城、名镇、名村图书，图文并茂地呈现给读者，使之对我们生于斯长于斯的故乡有更多的热爱，对祖国大家庭中每一个不同样貌的城镇村寨产生了解的渴望，从而催生尊重、保护的意愿和措施。

今年10月，我们国家在北京天安门广场举行了盛大的庆祝中华人民共和国成立70周年的阅兵式，祖国的强盛让世人瞩目，让作为炎黄子孙的中国人无比自豪。祖国是由我们的960万平方公里的土地构成，是由这块土地上的山山水水构成，是由山水间土地上的每一个城市、村镇构成。我们保护好国家已命名的名城名镇名村，也就保护了我们的文明根脉和精神家园。

女作家席慕蓉在一首诗中写道："乡愁是一棵没有年轮的树，永不老去。"说的是跨越岁月的对家乡的思念，我们每个人都有乡愁，无论在城市还是乡村，但安放乡愁这棵树需要空间，这空间有山川地貌、历史文化包裹，这空间正是我们生活其中，需要不断维护发展的城镇村寨。

"夫物之不齐，物之情也。"习近平总书记多次在讲话中引用孟子这句话。乡愁的永恒魅力也在于多样性，在于我们生长在风情万种、美美与共的城镇村寨，这与多元化时代的发展进步是并行不悖的。愿乡愁这棵树，在中华大地美成诗。

2024年10月

（作者系四川省民间文艺家协会主席）

中 国 历 史 文 化
名城·名镇·名村丛书

中 国 历 史 文 化 名 村

四川莫洛 | 目录

022 引言

第一章
村落历史

034 历史沿革
038 嘉绒十八土司
041 土司管理下的莫洛村

第二章
大渡河畔的世外桃源

046 大渡河与莫洛村
048 宜人的自然环境

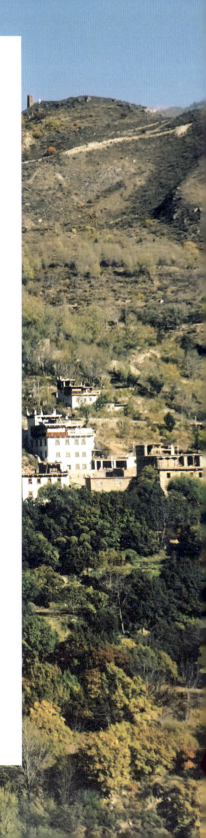

053 　独特的空间结构

070 　古碉群

第三章
生 产 与 生 计

094 　传统的农业生产方式

095 　现代农业

099 　养殖业

100 　日常出行与运输

第四章
民 俗 与 节 庆

106 　丰富多彩的民俗活动

115 　传统服饰

127 　节庆与仪式

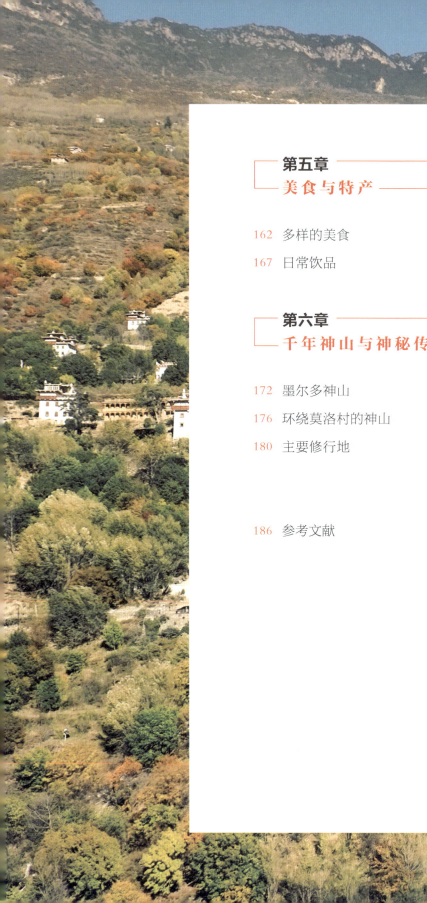

第五章

美食与特产

162　多样的美食

167　日常饮品

第六章

千年神山与神秘传说

172　墨尔多神山

176　环绕莫洛村的神山

180　主要修行地

186　参考文献

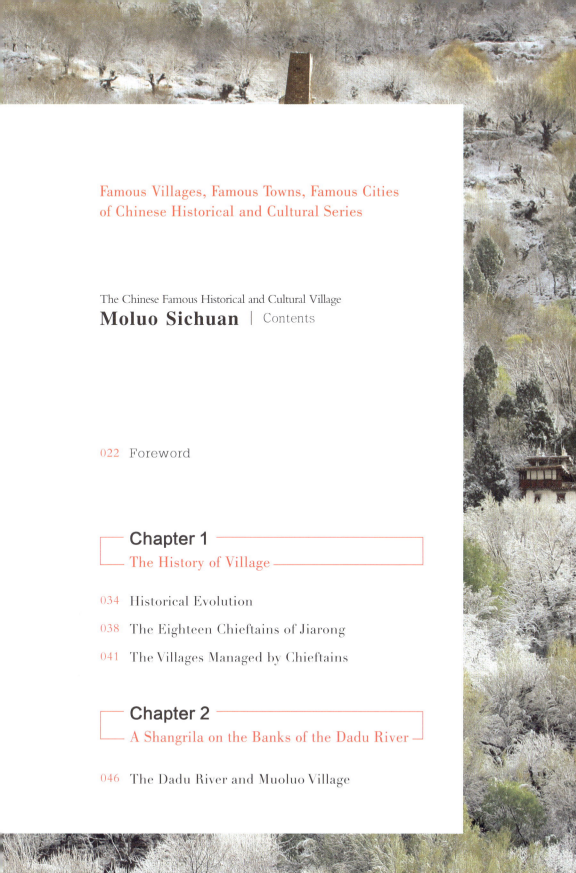

Famous Villages, Famous Towns, Famous Cities
of Chinese Historical and Cultural Series

The Chinese Famous Historical and Cultural Village
Moluo Sichuan | Contents

022 Foreword

Chapter 1
The History of Village

034 Historical Evolution

038 The Eighteen Chieftains of Jiarong

041 The Villages Managed by Chieftains

Chapter 2
A Shangrila on the Banks of the Dadu River

046 The Dadu River and Muoluo Village

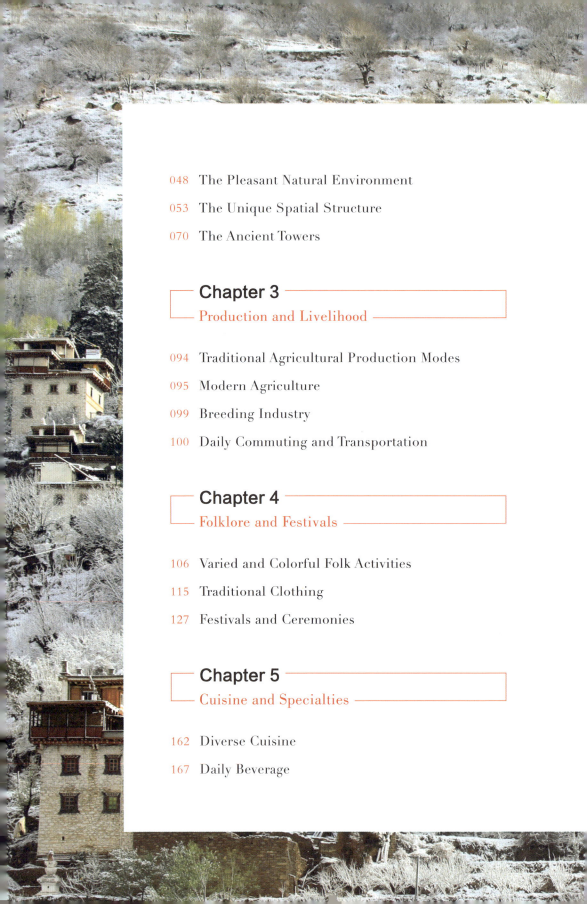

048 The Pleasant Natural Environment

053 The Unique Spatial Structure

070 The Ancient Towers

Chapter 3
Production and Livelihood

094 Traditional Agricultural Production Modes

095 Modern Agriculture

099 Breeding Industry

100 Daily Commuting and Transportation

Chapter 4
Folklore and Festivals

106 Varied and Colorful Folk Activities

115 Traditional Clothing

127 Festivals and Ceremonies

Chapter 5
Cuisine and Specialties

162 Diverse Cuisine

167 Daily Beverage

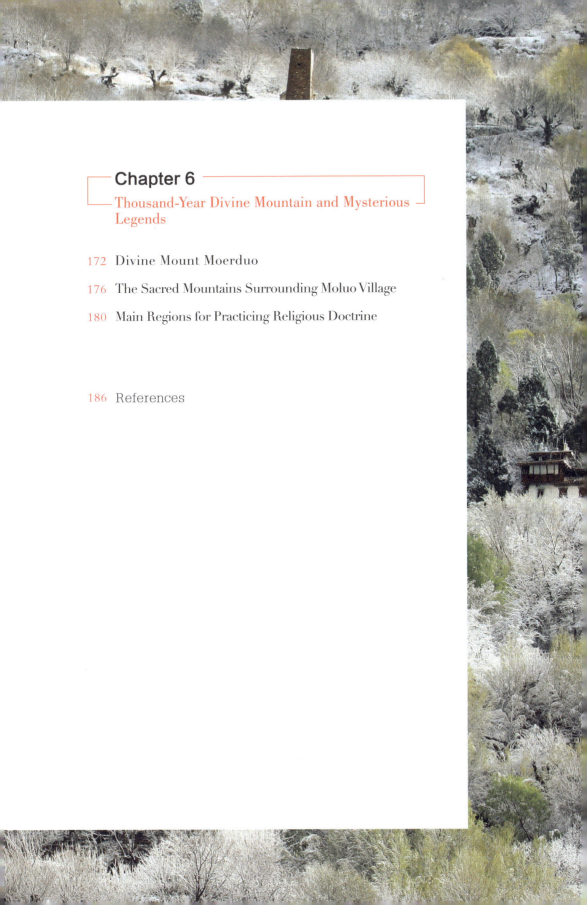

Chapter 6

Thousand-Year Divine Mountain and Mysterious Legends

172 Divine Mount Moerduo

176 The Sacred Mountains Surrounding Moluo Village

180 Main Regions for Practicing Religious Doctrine

186 References

引 言

　　在青藏高原的东南边缘，大渡河夜以继日地奔涌而过，呵护着一座秀美的村庄。这座村庄有高大的碉楼和错落的碉房。春天梨花怒放，夏天树木苍翠，秋天红叶参差，冬天薄雪纯净，这里便是莫洛村。

　　莫洛村坐落在青藏高原东南缘邛崃山脉西坡，大渡河上游东岸，属四川省甘孜藏族自治州丹巴县管辖，东南距丹巴县城所在地章谷镇仅7公里，为丹巴县梭坡乡的乡政府所在地。莫洛村海拔超过1700米，年平均气温13.6℃，夏季凉爽舒适，冬季干燥但无严寒。村庄大约60%的区域是陡峭的山地。整个村庄被群山所环绕，中央有一条宽广而平坦的山谷穿越其间，形成了一幅令人赞叹的自

↓ 大渡河畔莫洛村

然风光画卷。

　　莫洛村与同属于梭坡乡的左比村、八梭村和纳依村位于同一个山坡之上，四个村在藏语中被统称为"达赞"，意为大寨子。莫洛村在最下部，靠近大渡河，藏语"莫洛"意为"环形地带"，指莫洛村沿着大渡河岸环形分布。"左比"指达赞下部，"八梭"指达赞中部，"纳依"指森林边的寨子。达赞的四周被高山所环绕，森林郁郁葱葱，莫洛村依偎在郁郁葱葱的青山之下，面对波光粼粼的碧水，自然风光格外美丽。

　　莫洛村建村时间已无从考证，但考古学家曾经对村中最古老

↑ 夏季的莫洛村

↓ 莫洛秋色

莫洛春雪

↑ 雪山下的莫洛村

的碉楼进行了碳14测年，认为碉楼可能超过1000年历史。元代始设土司制度，明代沿袭，村落属明正土司，即长河西、鱼通、宁远宣慰使司管辖，清代康熙五年（1666）仍置长河西、鱼通、宁远宣慰司，由其下辖的鲁密章谷十七土百户管理，人们习惯上将这一区域称为二十四村，其中就包括莫洛村。莫洛村的居民除了有5户汉族外，其他居民都是藏族。村中的藏民为嘉绒这一支系，语言为藏语康方言的二十四村土语。

莫洛村的房屋是依山势建造的，与地形和自然分布相结合，村

↓ 村落中心的碉群

落布局呈阶梯状，原来分为上寨和下寨两部分，1950年以后随着人口增加，房屋逐渐增多，上下寨之间的界限已经模糊。莫洛村是嘉绒传统村落，房名是其基本社会单元，每家住屋有专门名号。莫洛村上寨居民由16户房名分出，下寨由13户房名分出。莫洛村的建筑由碉房和碉楼两个主要部分构成，至今依然保留着嘉绒的传统民居建筑和风俗习惯。

村中有一座寺院，名为自布拥忠德丹岭寺，为苯教寺院，为莫洛村民提供宗教服务，建成时间不详，20世纪90年代毁于火灾，2005年重建。寺院重建时，从附近山顶搬迁到渡口旁的空地上，建有一个大殿和几间生活用房，大殿前建有塔林。村中还有一座古塔，当地人称为"共则曲登"，传说吐蕃时期毗卢遮那大师来嘉绒

↓ 村子里的水源地

地区传法时用法术修建此塔，距今已有1100多年。村中还有一棵神树，人们在树下修了一个神龛，用于存放祭祀用的擦擦（一种泥制祭祀用品）。在莫洛村上寨，有一座古井，曾是整个村落饮用水的来源。现在莫洛村已经实现自来水入户，但古井仍然被人们珍视，井旁悬挂着五彩的经幡。

莫洛村有一座红军渡河纪念碑，建于渡口旁。1935年红军来到大渡河，兵分两路，一路从泸定县攻占泸定桥，强渡大渡河；另一路就在莫洛村的渡口，靠村里仅有的两艘木船渡河，渡河行动失败，数十名红军牺牲。1966年于此建立了红

↑ 神树

↓ 神山

军渡河纪念碑。

莫洛村有9座古碉，是丹巴县古碉群的重要组成部分。莫洛村的非物质文化遗产非常丰富，其中顶毪衫歌、锅庄［丹巴阿克日翁（兔儿锅庄）］、民间藏酒酿造技艺、成人仪式，皆已被列入四川省非物质文化遗产代表性名录。藏族碉楼营造技艺于2008年6月被列入国家级非物质文化遗产代表性名录。

莫洛村地貌是典型的大渡河河谷地貌，河谷深切，高山环伺，周边神山环绕，卓绒神山、孜巴龙神山、松日神山、松资神山都是非常重要的山峰。神山动人的传说和高山峡谷地貌是非常重要的文化和自然遗产。

历史上，莫洛村受地形限制，与外界的交通主要有两个途径：一是通过渡口与大渡河上下游地区相通，但夏季丰水期大渡河波涛汹涌，不适合通航，只有枯水期能够摆渡。二是沿山路向上，到纳依村后翻山，就可以到达小金川河谷。现今，莫洛村有一条S形的

盘山单向车行道与外界联系，该条道路从村口盘山而下，直通大渡河吊桥，并接入315国道，通往丹巴县城。村落内部街巷蜿蜒曲折，已经实现路面硬化，内部其他道路由几条主路衍生出分支，呈"鱼骨"状。

莫洛村以传统农业为主导产业，村落坐落在大渡河的河谷地带，因为当地气候温暖，传统农业可以采用小麦与玉米套种的方式，实现一年两次收获。同时进行土豆和芜菁的种植。1950年以后，这里一直作为丹巴县的农业试验基地，不仅种植了白菜、萝卜和青椒等多种蔬菜，还有梨、苹果、橘子、橙子和葡萄等果品。目前莫洛村已经成为丹巴县的主要蔬菜种植基地。作为副业，传统养殖涵盖了猪、牛、羊和鸡等动物。在改革开放之前，农民主要靠养殖业为生。最近几年，由于交通状况的改善，部分农户开始涉足旅游接待业务。不仅有多户家庭经营着藏家乐，还有两户家庭拥有碉楼，接待游客家庭参观和访问。每年有近万名游客到此旅游。

莫洛村于2005年11月被评为第二批中国历史文化名村。2006年5月，"丹巴县古碉群"被国务院列为全国重点文物保护单位，村中的古碉得到保护，其中破损严重的五角碉得以修复。2012年莫洛村又被列入中国传统村落名录。2014年10月到2015年10月莫洛村完成了民族团结进步示范村建设，实施了包括基础设施建设、增收产业建设和技术培训等工程。

↑ 村民带游客参观

↑ 为游客准备的客房

　　莫洛村所在地区新石器时代就有人居住，汉代以来即为中央政府管辖区域。境内有石棺葬遗存。元代以后该区域实施土司制度。清康熙后属明正土司属下土百户鲁密章谷管辖。1912年改土归流，属丹巴县管辖。1950—1955年，属西康省管辖。1955年西康撤省后，属四川省甘孜藏族自治州丹巴县管辖。虽然建村时间无法确定，但村内保存的古碉群为全国重点文物保护单位，古碉建成时间较早，据考古调查，最早的碉建成于唐代，最晚建成于清代。

第一章

村落历史

↓ 冬季的莫洛村

历史沿革

　　莫洛村位于四川省甘孜藏族自治州丹巴县梭坡乡境内，要深入了解莫洛村的历史须从丹巴说起。丹巴属于嘉绒地区，四川省藏族自治区成立时，根据嘉绒上层人士及民族代表的意见，嘉绒为藏族的一部分。"嘉绒"是目前较为统一的汉语记音，但在不同时期的文献中有多种称呼和写法，诸如"呷弄""甲戎""嘉戎"等。

　　对"嘉绒"这一族称的来源，主要有两种看法。一种认为是从藏语"Gia-rung"一词直接译为汉音，意为近于汉族而居住在溪谷区域的民族；另一种则认为藏语将整个墨尔多神山周围地区都

↓ 墨尔多神山

称为"嘉尔木·察瓦绒"。具体来说，"嘉尔木"是墨尔多神山，"察瓦"指某一区域或居住区，"绒"是低湿温暖的农区。此两种观点都认为嘉绒是由地域名转为民族名的。因而嘉绒可以归纳为以墨尔多神山为中心，地跨今四川省甘孜藏族自治州和阿坝藏族羌族自治州的大渡河流域及鲜水河、岷江流域部分地区的高山峡谷农业地区。

嘉绒历史十分悠久。1989年，与莫洛村位于同一区域的丹巴县中路罕额依新石器遗址发掘证明，远在商代前期，即有先民在这里生息繁衍。秦统一天下，建立中央集权的封建王朝，先后置巴郡、蜀郡，丹巴为蜀郡边徼。汉武帝元鼎六年（前111）设汶山郡，丹巴属汶山郡西南的边徼地区。唐置羁縻金川州，隶剑南节度使管辖，丹巴县境此时被称为"嘉良"，当地先民在唐代史籍中被称为"嘉良夷"。唐中后期，吐蕃势力东扩，控制了丹巴全境，来自吐蕃"琼部"的移民成为这里的统治者，因此嘉绒十八土司地区均有大鹏鸟卵生的祖源传说。与这些吐蕃移民共同进入嘉绒地区的，还有他们信奉的苯教和藏传佛教。吐蕃分裂以后，这些人留在这里，在统治的过程中与原有的属民相互融合，形成了这里独具地域和语言特色的藏族。宋代时归东西嘉良州管辖，隶成都府路雅州。元设土司制度，以"土官治土民"，县境分别属威、茂二州下辖的千户所、万户府及长河西、鱼通、宁远军民安抚司管辖。明代沿袭元朝的土司制度，今中路、梭坡、格宗、城厢、水子、东谷地区属明正土司（长河西、鱼通、宁远宣慰司）管辖；大小金川流域、革什扎河流域以及金川为金川寺演化禅师管辖。清康熙五年（1666），仍置长河西、鱼通、宁远宣

↑ 房屋外景

↑ 绿树掩映的房屋

慰司。乾隆年间，土司之间相互争夺权力，危害嘉绒地区的社会稳定，清王朝进行了规模浩大的平定大小金川之役。平定大小金川之后，清王朝采取了设土屯、以藏传佛教格鲁派取代苯教等一系列措施，对嘉绒地区进行管理。清朝在丹巴设置了章谷屯，隶成绵道懋功屯务厅同知管理。为了屯田据守，迁入一些拥有较先进农耕技术的汉人和羌人，促进了当地生产与生活方式的改变，农耕、半农半牧、牧业三种经济形态以及由此决定的不同生活方式在当地同时并存。

1912年，建立丹巴县，隶属于川边特区管辖，县下分设五路。1935年10月，红军长征到丹巴，成立丹巴县苏维埃政府，辖7区49个乡村级苏维埃政府。1936年，丹巴县属西康屯垦区。1939年1月，西康省政府成立，丹巴县隶属第一行政督查区。1950年4月18日，丹巴县解放。11月，西康省藏族自治区成立，丹巴县属其管辖。1955年3月，改西康省藏族自治区为西康省藏族自治州。同年10月，川康并省，西康省藏族自治州更名为四川省甘孜藏族自治州，丹巴县仍属其管辖（见表1）。

表1 丹巴县历代建置一览表

时间	建置名称	隶属
秦		蜀郡边徼
汉		蜀郡
		汶山郡（前111）
隋	不详	不详
唐	嘉良州	剑南道雅州都督府
宋	东、西嘉良州	成都府路雅州
元	威、茂二州千户所、万户府及长河西、鱼通、宁远军民安抚司	吐蕃等路宣慰使司都元帅府
明	明正土司；金川寺演化禅师	
清乾隆中期	章谷屯	成绵道
民国	丹巴县	川边特区（1912）
	丹巴县	西康屯垦区（1936）
	丹巴县	西康省（1939）
中华人民共和国	丹巴县	西康省藏族自治区（1950年11月）
	丹巴县	西康省藏族自治州（1955年3月）
	丹巴县	四川省甘孜藏族自治州（1955年10月至今）

嘉绒十八土司

　　清王朝曾在嘉绒地区内分封大大小小十八个土司辖区，并一直流传到现在。嘉绒十八土司更为详尽的描述性名称是嘉绒十八大平坝或嘉绒十八大峡谷，恰与苯教"十八"符号对应。"十八土司"之说固然与苯教"十八"的数字符号及其相关的象征意义有关，以"十八土司"界定嘉绒空间范围的做法，却深受清代治边政策和政治形势的影响。嘉绒自元、明、清三代，逐渐分封领地设置土司管辖，在清顺治年间基本形成定局，《世界总论·世界广论》（松巴·益西巴觉、赞普·丹增赤列著，西藏藏文古籍出版社2011年版）所列十八土司皆受明清两代朝廷册封，各有等级职衔，存在的时间也有先后之别。下面对十八土司的职衔、名称，今属何地区作一简单介绍。

　　明正宣慰使司，今属甘孜藏族自治州康定市大部和雅江县、道孚县，凉山州冕宁县境等地区。

　　冷边长官司，今泸定县、石棉县和天全县境部分地方。

　　沈边长官司，今泸定县、石棉县和天全县境部分地方。

　　鱼通长官司，今康定市境内，原叫长河西，即为地名。后因部落首长年轻勇敢，百姓拥戴称他"俄托"，即自卫不受欺之意。俄托授封土司于明代以其名译成汉字的"鱼通"为名，后冠戴称谓。

　　革什扎安抚司（又称"丹东土司"或"丹东—革什扎土司"，都是以地名冠戴土司职衔的称谓），今甘孜州的丹巴县大桑地区和道孚、泸定县境内部分地区。"革什扎"，意为"学生"，是其部落长求学外出而归后振兴了其地，故名。

巴旺宣慰司，今甘孜州丹巴、炉霍县境内部分地区。有说是其地因古时部落争战，常在哨壁处派人放哨。藏语方言称"放哨"为"巴旺"。

巴底宣慰司，今甘孜州丹巴县和道孚县境内部分地区。

穆坪宣慰司，今宝兴县和康定市部分地区。

绰斯甲宣慰司，今阿坝藏族羌族自治州金川县、壤塘县和甘孜州色达、炉霍县境内一部分地区。土司名为首任部落酋长之名，其藏语方言为"广大民众"之意。

大金安抚司，又称促侵（或祁侵）土司，今阿坝州金川县境内，促侵为藏语，其意为"大河之滨"。

小金安抚司，又称赞拉土司，今阿坝州小金县境内。赞拉为藏语名，意为"凶神"之义，传说颇多。

沃日安抚司，或称鄂克什土司。原说鄂克什为满语称谓，沃日是藏语"领地"之意，今阿坝州小金县境内。

党坝长官司，今阿坝州马尔康市境内的"四土之一"。"党坝"一名，据说是藏传佛教用语"且白"变译而来。

松岗安抚司，今阿坝州马尔康市境内。"松岗"藏语为"冗杠"，意为"半坡上的城堡"。

卓克基长官司，今阿坝州马尔康市境内。据有关文献记载，是因其后山山峰上有一祭坛，藏语称"卓采"，汉字写为"卓克基"。

梭磨宣慰司，今阿坝州马尔康、红原、黑水和理县境内。"梭磨"系藏语方言，意为"岗哨多"。

　　杂谷安抚司，今阿坝州理县、黑水、茂县部分地区。其地名
"杂谷脑"是藏语"扎西郎"的译写。"杂谷脑"的本意为"吉祥
城堡"。

　　瓦寺宣慰使司，今阿坝州汶川县和成都市都江堰市境内一部
分地区。因明代调派今西藏土酋长雍中罗洛思领兵镇压当地"反
民"，后留守授职，划地管辖。因其地原有一古寺，为民间信众献
砖瓦盖造，故称为"瓦寺"，罗洛思驻领其地而得名。

↓ 山水之间

土司管理下的莫洛村

1912年以前，莫洛村一直处于土司管理之下，由明正土司属下土百户鲁密章谷管辖。土司制度有较严密的政治组织系统。

土司统治的行政体系如下：土千户（藏语称"宗本"或"东本"）是地方行政的最高统治者，其衙门设在格宗（今丹巴县城附近）。土千户的主要职能包括收取赋税、安排劳役，并管理地方行政事务。土千户之下设千总，千总负责具体执行土千户的命令，统辖24个百户（亦称"24村"）。百户是土司统治体系中的重要基层单位，例如梭坡乡的莫洛村是一个百户，而大寨3个村合为一个百户。每个百户由百户长（藏语称"节本"或"甲本"）管理，如莫洛村的百户长被称为"古鲁波家"，负责该村的行政管理，并向上级汇报相关事务。在百户之下，还设有总寨首（藏语称"俄吐"），总寨首下设干松（干桑）和当都，当都主要负责安排柴草等乌拉差事。土千户和土百户都实行世袭制，其余执事人员分别依照其职权大小享受各项特权。

在军事体系方面，土千户衙门设有"跟爷"（守备）武装卫队，由千户亲自挑选精干人员组成，负责衙门的安全，必要时随行保护千户。

在土司统治体系下，劳役制度是最重要的经济和社会控制手段。在交通要道沿线，乌拉是对民众生产生活影响最大的劳役方式。乌拉最早是元朝设立的一种差役制度，起初用于供应西藏至西宁之间往来的官员使用的马匹、传递文书、运输物资等，后来成为一切运输差役的泛称。乌拉包括人役和畜役，收到乌拉通知的百姓，需自备牲畜、干粮，为土司服役。由于明正土司管辖地区是川藏茶马古道最重要的交易线路，土司积极参与茶马贸易，尤其在清代后期至民国时期，茶叶及相关物资运输需要大量百姓服乌拉，百姓家庭开支巨大，也常常由于服差役耽误农事，苦不堪言。在莫洛村，乌拉的主要形式是为过路的明正土司及其他官员运送物资。除了乌拉，百姓还有各种差税，涵盖劳役、地租、捐税等，这些赋役制度在民主改革后被彻底废除。

土司、土千户、土百户、守备、千总及其属下是封建农奴社会的统治者，对于所辖区域内的政治、经济、军事、法律等都拥有相应的地位和权力。被统治阶层包括土司的农奴"差民"、寺庙的农

↓ 阳光下的莫洛

奴"科巴",还有各类工匠、娃子（佃户，又称下人、家人）等；另外，寨首可以出资购买，但是不一定有实际的权力。各土司、土千户、土百户、守备、千总占有的土地是以原有势力大小而定的，章谷土千户、土百户区占地为丹巴县总面积的三分之一。差民领垦土司股份地并无偿为土司服差役、支乌拉。土司所辖差民每年至少花三分之一的时间支应土司所派的名目繁多的差役。生活在土司制社会最底层的"娃子"既无人身自由，更无社会地位可言，可以作为"礼物"送给亲戚或敬献给上司，也可以被土司任意买卖或交换。

↓ 秋意

　　大渡河是长江支流，发源于横断山区，自丹巴县城开始称为大渡河，到四川省乐山市与岷江汇合。大渡河具有典型的横断山区河流特点，河流自北向南流淌，北部海拔高，南部海拔低。河流穿行于大雪山与邛崃山之间，河谷狭窄，河流深切，岭谷平均高差约500米，谷宽仅100米左右，形成两岸陡峻的谷坡，河中巨石随处可见，险滩密布。莫洛村位于大渡河畔陡峭的山坡上，村落沿山势立体分布，几乎没有平地，仅有的耕地位于一个山间沟谷的扇形冲积坝上。正是这样奇特的地形地貌，使莫洛村成为大渡河畔的世外桃源。

第二章

大渡河畔的
世外桃源

↓莫洛秋色

大渡河与莫洛村

　　大渡河发源于横断山区，从莫洛村所在的丹巴县起，到乐山与岷江汇合，有十二条重要支流。作为大渡河起点的丹巴是四川省甘孜藏族自治州下辖的县，地处青藏高原东南边缘、成都平原以西的邛崃山脉西坡，东与阿坝州小金县接壤，南和东南与甘孜州康定市交界，西与道孚县毗邻，北和东北与阿坝州金川县相连。

　　大渡河两侧的山峰高耸入云，峰峦重叠，峡谷深邃，构成了一幅令人陶醉的美景。这里不仅有秀丽奇特的自然景观和人文景观，而且蕴藏着丰富的自然资源。丹巴县西南方向的海子山是该县的最高点，海拔高度为5820米。而东南方向的大渡河是全

↓ 渡口

县的最低点，海拔1700米，高度差为4120米，通常高度差在2000—3000米。境内地形复杂多样，有高山区、中低山区和河谷平原三个区域。大金川河流自北向南，经过县城后向东转弯，并在途中汇入革什扎河和东谷河；小金川在县城与大金川交汇，自此被称为大渡河，并向东分流。大金川、革什扎河、东谷河、小金川和大渡河这五条河流以县城为中心，形成梅花形状并向外散开，将整个县深深地切割成五个高山峡谷区域，这种特殊的地形被称为梅花形旋钮结构。

↑ 大渡河

莫洛村三面环山，西临大渡河，地势由东北向南倾斜，系高山峡谷地貌。与莫洛村处在同面山坡的有三个村寨，从下向上依次是左比村、八梭村和纳依村，这四个村被统称为达赞。这片山坡就是一个小的生态资源圈和经济文化圈，圈子内语言相同，经济互补，相互通婚。只有两条道路可与外界相连：一是经渡口与大渡河对岸相通，二是经山路与外界相连。从纳依村向上翻过一座不太高的山就可以到达中路乡的基卡依和呷仁依，再往下就是小金川河谷。

↑ 从民居屋顶俯瞰大渡河

↑ 与莫洛村位于同一区域的村寨

宜人的自然环境

气候特征

莫洛村所在的丹巴县是典型的高山峡谷地貌，为垂直分布的立体气候带，且气候带谱齐全。因为受青藏高原和东南、西南季风的影响，形成既别于高原又不同于盆地的独特青藏高原型季风气候。

这里气候带谱间过渡快，带内气候复杂多样。带谱间海拔高差悬殊仅400—600米。由于垂直带取代了水平带，时空变化大，具有"一山有四季，十里不同天""山下开梨花、山腰开桃花、山上落雪花"的特点。在海拔处于2000—2500米的地区，气候较为温和，适宜农作物生长，有的地区农作物一年可收获两季。海拔在3500米以上地区，霜期长，常年霜冻，人口稀少，平均气温1℃，水草丰富，适宜放牧。而在海拔2500—3500米的地区，是高原与河谷的过渡地带，属于山地温带气候区，年平均气温为5—9℃，四季分明，光照充足，但气温起伏波动快，日夜温差较大，尤其是冬春季节，受青藏高原地形的影响，高空西风急流高度低、风速大，常刮大风，这一气候带中有很多面积不等的农区和牧区，经济结构类型也为农牧兼作。

总的来说，这里气温日差较大，年变幅小；日照、光辐射充足；雨热同季、降雨集中，每年11月到第二年4月为旱季，5—10月为雨季，雨热和夏秋同季，降雨呈"双峰型"，集中于6月和9月。旱季多大风。

土壤与植被

莫洛村拥有多种土壤类型，加上河流众多以及高山峡谷的地形特点，使得这里动植物资源尤为丰富。

这里的植被随气候垂直分布，有亚热带的干热河谷灌丛，也有暖温带生长的各种灌木，同时包含温带的针阔混交林，还包含寒温带以及高山寒带所生长的植被，一年四季会呈现不同的植被景观。

↑ 秋天的彩林

莫洛村海拔较低，灌木林主要分布在海拔1700—2600米地带之间的中山河谷区，当地人称半山、河坝地区。水利条件较好的阳

↓ 郁郁葱葱的植被

秋色正浓

坡、阴坡洼地植被生长良好，多杂树。下层为干热河谷灌丛，种类有白刺花、羊蹄甲、海漆等；草类以白蒿、旱茅、狗尾巴草、云香草等为主。海拔2200—2600米地带，分布着灌木丛，多为次生植被和部分人工林、经济林木和农作物；这一带植被种类繁多，草类生长茂盛，中药材生长较多，如天麻、党参、当归、丹皮等。

由于莫洛村多样的植被类型，这里也孕育了多样的生命物种，比如在高海拔地带有盘羊（角羊）、雪猪（旱獭）等，在险峻山岭和密林中生活着青羊、熊、猞猁以及爬行动物蛇等，同样也有珍禽类的野鸡以及鹦鹉、啄木鸟、鹰在此地繁衍生息。

在主要的河流中，生活着各类的水生鱼类。例如，在低山河谷区的大金川、小金川、东谷河、革什扎河的下游以及大渡河，都是细甲鱼（如单重嘴鱼、双重嘴鱼）和猫鱼的重要产地。

↓ 鹰

独特的空间结构

总体布局

莫洛村将聚居的村落称为"寨子"。莫洛村分布在群山连绵、山高谷深的山川地带，"九分半山地、半分平地"，选址位于山脚河谷附近的狭长地带、山腰缓坡地带。寨子选址遵循"依山傍水"的大原则，巧妙利用地形地势，注重保护耕地，强调避灾。莫洛村建筑总体上依山分布，高低错落有致、疏密相间，耕地、山林穿插于村落之间，与自然和谐共处，融为一体。莫洛村是典型的嘉绒村寨。由于嘉绒地区具有独特的历史、地理以及民风民俗等文化特征，这里形成了独特的建筑文化特征，其传统民居风格独特，特色鲜明。

20世纪30年代，任乃强先生在《民国川边游踪之〈西康札

↓ 莫洛村总体布局

记〉》中说："夷家皆住高碉，称为夷寨子，用乱石叠砌，酷似砖墙，其高率五六丈以上，与西式洋楼无异。尤精美者，为丹巴各夷寨，常四五家、十余家聚修一处，如井壁、中龙、梭坡、大寨等处，其崔巍壮丽，与瑞士山城相似。"[1] "番俗无城而多碉。最坚之碉为八棱，如两四方柱相嵌合，亦乱石所砌，俗呼八角楼。"[2]

　　莫洛村被莫德龙大沟分为南北两部分，莫德龙大沟沟口的河谷冲积扇，成为村中的主要耕地。1965年，莫洛村经历了一场严重的泥石流灾害，导致河坝内的所有土地被冲毁。当时，村民们只能居住在岩洞内，每天在天还没亮的时候就起床进行土地整治，直到十多年后，河坝的土地才得以完全恢复。莫洛村的土地位于河坝地带，主要由梯田组成，设有机耕道。莫洛村的民宅建筑布局相对

↑ 莫德龙大沟沟口的居民

①任乃强：《民国川边游踪之〈西康札记〉》，中国藏学出版社2010年版，第8页。
①任乃强：《西康图经民俗篇》，新亚细亚学会1934年版，第34页。

分散，从远处观察，古老的碉楼和树丛小径呈现一种随意而和谐的布局，营造出一种宁静祥和的氛围。总体看来，莫洛村有五个离散形的建筑组团：一是临近大渡河岸的带形民居组团；二是围绕村寨中心的三座碉楼民居组团；三是位于莫德龙大沟沟口的离散民居组团，位于山腰缓坡；四是莫德龙大沟沟口的农田民居寨子，位于山谷河岸；五是寺庙和纪念碑。

房名和隆里隆通

莫洛村内藏族的每座房屋都有名称，当地人称为"房名"。现在村里共有56户藏族家庭，因而有56个房名。房名相同的家户，往往是一家分家后建立的，人们会在称呼该户人家时，在房名后加上当家人名字（见表2）。

表2 莫洛村的房名名称

序号	房名	序号	房名
1	空萨波	29	空萨波（同源）[①]
2	咱交波	30	泽通波
3	扎咱足	31	高底波
4	高底波	32	嘎贡波
5	嘎贡波（同源）	33	呷龚波
6	泽通波	34	格鲁波
7	格鲁波（同源）	35	格鲁波（同源）

① 同源指与同名房屋之主原为一家，后分家。

续表

序号	房名	序号	房名
8	呷龚波（同源）	36	子贡波
9	格鲁波	37	呷龚波
10	格鲁高恒波	38	空巴波
11	空巴波	39	空萨波
12	空萨波	40	老姆波
13	呷龚波	41	老姆空萨波
14	扎什空萨波	42	信贡空萨波
15	呷初波	43	勒格拉
16	呷绕波	44	帕西波
17	班登波	45	呷饶波
18	扎勒波	46	巴托波
19	达他波	47	葛尖波
20	伴金垠萨波	48	巴托波
21	格鲁波	49	俄顷波
22	伴金葛觉波	50	伴金葛尖波
23	组克波	51	组克波
24	组克波	52	组克波
25	勒格拉	53	告罗波
26	告罗波	54	勒格拉
27	桑郎波	55	告罗波
28	组克波	56	勒格拉

莫洛村有5户汉族居民，其居住的房屋则没有房名。

传统的莫洛村分为上寨和下寨两部分。据村民介绍，莫洛村的居民最早都居住在上寨，后来人口增加，逐渐向下新增房屋，形成了下寨，原来两个寨子之间不相连。20世纪80年代后，因为下寨靠近公路，也距离梭坡乡政府和学校更近，村

↑ 莫洛下寨

民新建房屋就愿意选择离河边更近一点的地方，上下寨逐渐连为一体。无论上寨还是下寨，寨子的中心都是碉楼，因而莫洛村被视为以碉楼为中心的组团式村落。

莫洛村有一个传统的互助组织：隆里隆通。莫洛村人讲藏语康

↓ 莫洛上寨

方言二十四村土语，隆里隆通是莫洛当地方言的汉语音译，字面意
思即"最亲最近"。根据当地人的口述，加上对现实情况的观察，
可以将其解释为：关系最亲的亲戚和住屋最近的邻居。隆里隆通
在当地语境中可作为代词使用，如：某某波（家）是我家的隆里隆
通、我家与某某波是隆里隆通。梭坡乡的村寨分布在大渡河两岸山
麓的不同地带，过去由于环境闭塞加之交通不便，村落之间交流联
系较少，每个村子都呈现不同的文化面貌。隆里隆通目前仅存于莫
洛村，仍旧发挥着重大功用。

目前莫洛村共有8组隆里隆通，房名是家户之间联结为隆里隆
通的重要依据，隆里隆通作为莫洛村独有的互助组织，历经仪式性
场合中的各种实践，在当地稳定的社会结构基础之上形成了完备的
内部规则与秩序。

公共空间

寺院　莫洛村民信仰苯教，村里有一座苯教寺院——自布拥忠
德丹岭寺。自布拥忠德丹岭寺和白塔位于莫洛村最南端，在渡口旁
边相对平坦的地方，是村落中的宗教
活动场所，也是公共活动空间。寺庙
有管委会，日常的管理采取轮守制，
僧人按月或按节日周期轮值，负责守
寺供奉、打扫卫生。其他僧人平时在
家从事劳动，宗教节日才集中到寺院
念经。每逢重要节庆，人们都会在这
里举行相关的仪式。平时村民家有

↑ 自布拥忠德丹岭寺

事，如红白喜事、建房、家人生病、出远门等，既可到寺院念经打卦，也可将僧人请到家中念经或打卦。

苯教是藏族的传统信仰，在藏传佛教进入之前影响广泛。现在，人们称佛教传入前的苯教为"原始苯"，是带有原始崇拜色彩的民间信仰。吐蕃控制这一区域之前，"原始苯"已经传入并逐渐发展起来，吐蕃时期随着佛教的进入，苯教吸收佛教教义之后发展为今天的"雍仲苯"。苯教崇尚自然神、神山、神树、神水。清乾隆时期金川战役结束后，巴底黑经寺、梭坡自布拥忠德丹岭寺、大寨高中寺和城厢的甲楚寺、岭青寺，曾在平定两金川时有功，得以保留。

↑ 寺院大殿

↓ 寺院的佛塔

贡巴、转经和白塔　除了苯教信仰外，当地人的许多仪式由贡巴主持。贡巴在当地的情况比较复杂，既有民间信仰活动组织者，也有藏传佛教宁玛派中只受修炼戒而不出家的祭师。他们平时为百姓做法事、念经，也被称为道师。贡巴采取密宗修行方式，住在深山老林修行，不剃度，不入寺修行，有妻室儿女。据说贡巴的法术很强大，师父需要考察弟子人品方能传授，不可使别有用心之人习得法术。贡巴法术的传授以前靠家传，只为本寨子的人服务。其日常活动的主要内容是在节庆、建房、婚礼、葬礼时为人们消灾祈福。通用的经书典籍有天文历算、九宫八卦、占星相法及吉祥如意愿文等60多部。1950年前莫洛村有贡巴1—2名。各土司头人还规定贡巴有为其禳灾、祝福的差役，每年至少2次。

在莫洛村居民的日常生活中，有许多仪式性的活动，例如转经和拜佛等。人们还举行各种仪式，祈求神灵保佑平安。只要信男信女有片刻的闲暇，他们就会拿起念珠，口中念诵苯教八字真言。在村外修建寺庙时，也会用石头砌一个塔供行人供奉。在行人必须经过的道路边，可以修建转经筒，允许行人手动推动，或者在溪沟旁将水磨坊改建为转经筒进行自转。转经筒也叫"转法轮"。"嘛呢旗"是一种彩色纸张或织物，上面印有经文，被广泛地插在高岗和险峻的悬崖上，当风吹过时，"嘛呢旗"会随风飘动。在距离

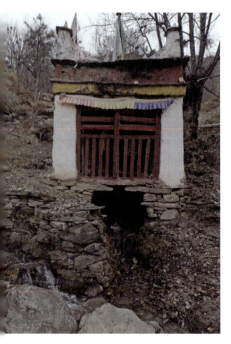

↑ 利用水能自转的转经筒

大道不远的地方，他们会筑起"嘛呢堆"（刻有经文的石块垒起的祭坛）或建造一座白塔，经过这些地方的行人须绕行一圈才能继续前进。那些为了给家里的老人或病患祈求好运和消灾而选择转经的人，绝不会被猛烈的风雨所阻挡。每逢春末秋初的农闲时节，许多人会带着全家外出，他们从丹巴、金川、小金经过墨尔多山的转经道返回。

莫洛村一年有几个大的宗教节日，每年阴历正月十五、四月十五、八月十五、十月十五都要举行宗教活动，其中八月十五的法事活动从八月十二开始持续到八月十五，在活动期间会请德高望重的喇嘛念经、讲经、开光、摩顶，所有信教群众都可自行参加。在经堂内听经的人都不能说话，俗称念"哑巴经"。节日期间，一般是上午讲经开光，下午进行跳锅庄的活动。

渡口　过去莫洛村到丹巴县城的道路在大渡河对面，乘船出行是重要的交通方式。莫洛村南面大渡河的水面比较开阔，有一个渡口，人们在此乘船渡河，在对岸的宋达上岸。

↑ 渡口

红军渡河纪念碑　丹巴县有红军在四川甘孜藏族自治州地区建立的党、政、军、群组织齐全的革命根据地，有着光荣的革命传统和可歌可泣的斗争历史。红军于1935年6月、10月两次来到丹巴。1935年6月，当时驻守丹巴的川军刘文辉部余松林旅得知红军即将进入丹巴的消息，立即在丹巴县城及周边地区进行防守，在县城设指挥部，派兵扼守小金川河谷进入丹巴的唯一桥梁——甲楚桥，同时将位于梭坡的两个渡口所有渡船封锁，将船工集中到县城控制起来，切断红军从大渡河上进入丹巴的通道；派出官兵和当地反动民团在县城周边的牦牛乡、长沙坝、白呷山、蒲角顶、宋达、格宗设防。

1935年6月14日凌晨，红九军二十七师八十一团到达县城三岔河，由于甲楚桥的桥板已被敌人全部拆除，只能与敌人隔河对峙，对峙中红军派出一部分部队从中路乡翻山到达梭坡莫洛河坝的渡口。由于没有渡船，红军只好在河坝的寺院里用当地百姓支援的牛皮船、木板、原木等制作成简易木筏，准备强行渡河，但6月的大渡河河流湍急，只有少数红军在强大火力的掩护下过了河。这时，从格宗、白呷山、蒲角顶赶来增援的敌人会同驻守在这里的宋达守

↓ 红军渡河纪念碑

军依靠人数上的优势，攻击过河红军。由于敌我力量悬殊，红军战士又是背水而战，没有后援，作战十分困难。渡河红军为了避免遭受更大伤亡，决定乘木筏退回对岸，在回渡中，由于木筏被炮弹击中，数十名红军战士落入河中，瞬间被汹涌的河水吞没。剩下的红军沿原路返回小金。1966年，为纪念红军长征，在渡口修建了红军渡河纪念碑。

目前，丹巴县建立了红色人文旅游圈，其中一条路线就经过红军渡河纪念碑，这条线路的参观地点如下：丹巴县城—红军渡河纪念碑—梭坡古碉群—东女国遗址—里然龙寺喇嘛迎接红军旧址—中路古遗址—红九军二十七师八十一团驻地旧址—红军标语—三岔沟陈家磨坊少共区委书记、妇女部长遇难遗址。

私人空间

民居建筑　莫洛村民居的间隔较大，一般都有独立的院落，周围绿树成荫，人们喜欢在房前屋后装饰五色经幡，表达对美好生活的向往。

莫洛民居多为五层石木结构建筑，当地人称为"空巴"，意为"房屋"，过去也称为"碉房"或"庄

↑ 房前屋后的经幡

房"。一楼为底层，称为"热瓦"，意为"关牲畜的地方"。二楼叫"嘎比"，意为"人居住的地方"。三楼叫"巴咋"，意为"待客的地方"。四楼叫"嘎地"，意为"放粮食的地方"。五楼叫"左日"，意为"煨桑的地方"。由称呼就能清楚地知道每一层的

功能。有的时候人们会利用坡地的地势，将畜圈设于地下一层，这样房屋在地面就只有四层。房屋底层的畜圈出入口与人的居室出入之门分设，互不干扰，不相混杂。二层设厨房、杂物房。三层为锅庄房，锅庄房内安置有传统的三锅庄（三石鼎足式火塘），是人们过去饮食、活动的重要场所，也是待客的重要空间。四层是储物间，也有部分家庭会在这里设经堂。五层一般是露台，在经堂上方设煨桑的"拉吾则"（屋顶祭祀场所）。外墙上附有高厕和存放草料等的附属建筑设施，二层和三层均设"L"形平顶，作晾晒粮食和家人休憩用。民居建筑物木质部分的外表及檐头均饰以褐红色，在檐头褐红色色带以下，再涂以黑色色带，在二层以上墙体均刷白色或保留墙体原色。

↓ 民居外观

民居建造选址时，一般会选择光照时间较长、避风的地方。一般而言，东南方是最吉利的方位，但由于地形限制，有的民居大门无法朝向东南方，他们就会在三楼锅庄房向东南方开一个门。由于平坦的土地要用于耕作，他们建房时，一般都选择靠山的地方，以尽可能保护耕地。选址时，会特别重视地基是否牢固。

建房前，要请贡巴打卦选址，打卦的过程，是贡巴和房屋的"赞"神（带来好运和保护力量的神）沟通，沟通顺利，即可在选定的地址上动工。如果沟通不顺利，要按照"赞"神要求更换地址，择吉日开工。地址确定后，贡巴要念"囊接"经，告知土地神要开工建房，此后，其他鬼神都不会来打扰建房者了。

开工第一天，在丈量地基之前，由喇嘛将麦子和万寿菊（当地人称为多丹麦朵）撒到地基上，再由四位石匠在房屋四角象征性挖一下，喝一些酒。之后正式丈量地基，放线，向下挖地基，挖地基的深度不定，关键是要挖到硬土层，以保证房屋地基稳固。挖出的石块和泥土，都会用来建房。挖到硬土层后，在房屋四角放入一点麦子、硬币，再放入专门的墙角石。墙角石关系到房屋稳固，有专门的名称"斯杜"，必须是二三百斤的大石，事先由匠人打制出规整的四面。放入墙角石后，地面之下的部分铺一层石头，放一层土，绝不可使用湿的泥巴，以保证地基稳固。地基高出地面后，才使用泥浆砌墙。

建房时，全村男女老少和亲戚都会来帮忙，男性采石、打石、砌墙、和泥浆。女性背土、取水、背小片石、砍山柳枝。工匠在砌墙时，就地取材，按照大石上面放小石，大小石头错落安放的原则砌墙，每向上砌3尺左右时，要在墙体内安放"墙筋"，即放置木料或树枝起到增加拉力、防止墙体开裂的作用。如此一层一层修建，直到房屋全部完工。最后修建顶部的神坛"竹巴"。"竹巴"高2.4尺，上面堆放白石，内放麦子、青稞和经书。中间有可以煨桑的"桑科"（煨桑塔）和插经幡的木杆，将经幡系在木杆上。房顶的四角也插上风马旗即可。

建成一座房屋，一般需要三个月左右，建成之后，主人会庆祝三天，邀请本村邻里和亲戚、匠人吃饭喝酒，晚上通宵达旦跳锅庄。

民居上的琼（大鹏金翅鸟）和吉祥图案 莫洛村民居的大门十分有特色，通常使用朱红色木质构件搭配黑色的门套。在大门上，人们运用绘画和雕刻等手段表现了民间信仰和苯教信仰。琼鸟、张嘴鳌头、龙头是其典型特征。

琼是嘉绒语对大鹏金翅鸟的称呼。在莫洛村人们都用琼的图案装饰自己的房屋，这与当地有关土司的祖源传说有着密切的联系，马长寿先生20世纪三四十年代到嘉绒地区进行田野调查时，就搜集到当地流传的"琼鸟卵生"的祖源传说，他根据绰斯甲土司官寨保存下来的彩色壁画和藏文题记，整理出其祖先的来源：儴戎的仙女咯木茹芈感星光而孕，生下三卵，东飞至琼部，孵化并繁衍出绰斯甲、沃日和革什扎三位土司。在瓦寺、巴底、梭磨、卓克基、松岗、党坝、沃日、穆坪诸土司

↑ 传统民居大门

中也均有此类传说流传。[①]

　　《嘉绒藏族史志》（雀丹著，民族出版社1995年版）一书记载
金川和小金两土司的祖先时，也说其祖先是从菩萨所化虹生成的卵中
所出。嘉绒民间写本《琼波王续白琉璃之镜》中也记载了金川、绰斯
甲、沃日和革什扎四位土司的祖先是由"穆氏扎"化身为琼鸟诞下的
卵中孵化而出。《绰斯甲土司世系》一文也持此说，认为其祖先是从
大鹏金翅鸟所诞下的蛋中生出。

　　这个传说说明嘉绒诸多土司都有一个共同的祖先"琼"，而从
"琼"所诞下的几枚卵中孵化并分支出嘉绒各土司，彼此之间存在
兄弟或父子的亲缘关系。

　　除了"琼鸟卵生"说外，马长寿还搜集到另一类说法，即嘉绒

↑ 窗户上的琼和吉祥图案

①马长寿，周伟洲：《马长寿民族学论集》，人民出版社2003年版。

土司的祖先来自"琼部",即"琼鸟所止之地"。比如丹东革什扎土司就说:绰斯甲、杂谷、汶川和丹东土司四兄弟,均是"由三十九族之琼部迁来"。瓦寺土司也说其与绰斯甲、革什扎土司的远祖"克罗乌"是从琼部迁移而来。而关于"琼部"的具体地望,马长寿考证后认为:"琼部在拉萨西北18日路程。其地有日乌嵫朱……诸山。……传说古时有三十九族。惟土地贫瘠,故东殖至康北者颇众。嘉绒之来,亦由此故。"①

"琼部东迁"说保留了同宗共祖的几兄弟各自为嘉绒土司的说法,将原来具有浓厚神话色彩的"琼鸟卵生"的说法删去,"琼"从抽象的神灵变为一个具体的地名。

这些关于琼的传说,在莫洛村广泛流传,因而人们在建筑上都使用琼的图案。

↑ 门楣上的琼

① 马长寿,周伟洲:《马长寿民族学论集》,人民出版社2003年版,第158页。

古碉群

当你首次踏入莫洛村时，你会被这里错落有致的古老碉楼吸引。嘉绒地区的碉楼文化拥有深厚的历史背景和悠久的传承。关于碉的记载最早见于《后汉书·西南夷列传》，据其记载：冉駹

↑ 古碉与老碉房

夷"皆依山居止，累石为室，高者至十余丈，为邛笼"。[①]"邛笼"即为碉楼。《隋书·附国传》也曾记载：嘉良夷"无城栅，近川谷，傍山险。俗好复仇，故垒石为巢而居，以避其患。其巢高至十余丈，下至五六丈，每级丈余，以木隔之。基方三四步，巢上方二三步，状似浮图。于下级开小门，从内上通，夜必关闭，以防贼盗"。[②]这一记载，不仅说明了碉的形态，而且说明碉为防御性建筑。

在青藏高原上，高碉主要分布在三个高密度区域：首先是西藏自治区的山南，其次是四川大渡河流域的嘉绒，最后是四川岷江流域的茂县、理县等羌族地区。嘉绒地区的高碉非常多，其分布广

---

①范晔：《后汉书》，中华书局2012年版，第2296—2297页。
②魏徵：《隋书》，中华书局1973年版，第1858页。

泛、种类繁多且保存状态良好。丹巴被誉为"千碉之国"，该县现有的古碉楼数量达580座，其中梭坡乡和中路乡的碉楼尤为众多。在莫洛村，这些古老的碉楼有各种形式和功能，它们在郁郁葱葱的树林中错落分布，与莫德龙大沟的峡谷和孜巴龙神山的白雪共同绘制出莫洛迷人的风景画面。

梭坡乡碉的造型有四、五、八、十三角之分，莫洛村有四、五、八角碉。莫洛村约50%男性村民掌握嘉绒砌石技术。碉楼一般有10余层至20余层，一般高20余米，最高可达50余米。无论外形为几角，碉外墙均以石块砌筑，用黏土和小石块填充缝隙，底层厚约0.6米，对外每层皆开设小窗洞，内部楼层铺设木材，层与层之

↓ 丹巴县古碉群

↑ 五角碉

↑ 八角碉

间用独木梯相连上下。整体下宽上窄、棱角分明、墙面光洁。碉楼建好以后，历经风雨，越挤压越结实。

按功能类型来区分，碉可分为官寨碉、战碉、烽火碉、界碉、风水碉等。官寨碉是专为土司、守备修建的，一般建于土司官寨、土屯守备衙署内或附近，既是战争工事，也是权力的象征；战碉作为一种军事防御工事，一般修建在村寨内或出入村寨的要道旁、渡口和关卡等战略要地；烽火碉用于战争预警，一般建在视线开阔的山岭、山脊和河湾等地；界碉为各土司领地的分界标志；风水碉用于驱邪镇魔，目前仅见八角碉一种类型。而民间又有房中碉、经堂碉、阴阳碉、姊妹碉、公碉、母碉等类型。

在冷兵器时代，人们依靠碉进行防守，他们主要依赖弓箭和投掷石头来对抗侵略的敌人。在一个部落或一个村落的范围内，多个家碉和寨碉组合，形成了一个完整的高山峡谷防御体系，可以抵御外来的侵扰。一个高碉就是一个防御点，而多个高碉则构成了一个立体的防御网。在冷兵器时代，高碉具有坚不可摧的特性，拥有"一夫当关，万夫莫开"的神奇力量，其防御和战斗特性都得到了完美的展现。随着时间的推移，碉的主要功能逐渐转变为财富的标志。

25座碉楼

扎勒碉楼　扎勒碉楼为扎勒家的四角家碉，位于莫洛村上莫洛寨，所在地海拔1831米。扎勒碉楼曾经与扎勒家居住房屋连接，因考虑到安全问题，扎勒家后来在距离扎勒碉楼约5米的地方另

↑ 碉楼内的独木梯

↓ 民居周围的碉群

建房屋。扎勒碉楼高33米，墙体保留完整，入口位于碉楼东面墙面，有上、下2个入口，下部入口距离地面约10米，在入口下方有左、右2个的"l"字形瞭望孔，上方入口上面2米的地方有左、右2个正方形瞭望窗，再上方的墙体中部有1个正方形瞭望窗；南面墙体有上、下2个正方形瞭望窗，瞭望窗之间有上、下6个"l"字形瞭望孔，上方瞭望窗上有1个"l"形瞭望窗；西面墙体有3个正方形瞭望窗；北面墙体没有任何窗口，在此碉楼东面墙体的上、下2个瞭望窗之间有上、下8根伸出来的墙筋，据介绍，这些墙筋代表妇女的围裙，是女性的标志，故将此类碉楼称为母碉。碉楼中所用最大的石材长1.6米，宽0.3米；最小石材长0.06米，宽0.04米，现保存完整。

根据当地人丹增翁扎介绍，碉楼所用石材分为"多颇"和"多莫"，前者意为公石，后者意为母石。建造碉楼主要使用多莫，因多莫石材比较方正，有弹性。如果使用多颇，则因该类石材形状不标准，多为异形，无弹性，容易造成损坏而导致碉楼垮塌。不同位置的石材、大小不同的石材都有相应的称呼，如碉楼边角的石头称为斯多，意为边角石；边角石旁边第一块石头称为松邦。垫在每块大石头下面的小石头称为斯色。碉楼下方的入口称为卡郭，意为碉门；上方的窗户称为格空。"l"字形瞭望孔称为达空，意为射箭孔；方形空洞称为董空，意为击矛孔。碉楼入口上方一排片石称为米布，意为眉毛，米布上方一层石头称为本巴。碉楼入口下方的方孔既是击矛孔，也是用来放下入口处门板的孔洞。根据该碉楼主人介绍，以前年轻小伙子家里没有碉楼是娶不到老婆的。一家人若生了儿子，该家主人从孩子出生当年开始建造碉楼，每年修一点，到孩子18岁时，高碉就建好了。关于碉楼边角和墙面的建造要求是"建造像杰布（王者）的四角碉楼那样的，四个边角如弓箭般笔直，四个墙面如丝绸般顺滑"。

格鲁碉楼 格鲁碉楼位于莫洛村，为格鲁家的四角家碉，高31米，该碉楼所在地海拔为2009米，入口位于碉楼东面墙面。距离地面约6米，碉楼口已封，现在格鲁家在格鲁碉楼的东边。东面墙体的入口下方有左、右2个"1"字型形瞭望孔，再上方有一个正方形瞭望窗，南面墙体有3个"1"字形瞭望孔，北面墙体中部有一个正方形瞭望窗，瞭望窗的上、下各有一个"工"字形瞭望孔，西面墙体没有任何瞭望孔。碉楼中所用最大的石材长1.5米，宽0.4米；最小石材长0.08米，宽0.04米，现保存完整。

空巴碉楼 空巴碉楼，意为房子之园，该碉楼又被称为斯加，意为八角，因是八角楼得名。空巴碉楼位于莫洛村，所在地海拔1937米。高28.4米，墙体保留完整，入口位于碉楼东面墙面，距离地面约10米，每角边长为3.6米。碉楼中所用最大的石材长2米，宽0.5米；最小石材长0.07米，宽0.04米，东面内角中有上、下2个入口，下一个入口约3米的上方有左、右2个"1"字形瞭望孔，在空巴八角碉的墙基中有很多2米长的大石头，在南面的墙基中有突出约2尺的石头，空巴碉楼和格鲁碉楼相距很近，距离大约8米。碉楼现保存完整。

呷贡碉楼 呷贡碉楼位于莫洛村，呷贡，意为碉楼之上。为呷贡家的五角碉，所在地海拔2060米。高度23米，单边边长7.2米。经过主人的修缮，内有隔层。该碉楼坐北向南；南、西、北三面墙体四角碉形状一致，东面墙体多出一角。碉楼的入口位于南面墙体，南面墙体大约在3层的地方有一个入口，入口上方约在最顶层有一个正方形瞭望窗；西面墙体约在3层的地方有一个门，是主人后来开的，即新入口。主人的房屋在碉楼西边，相距约3米，从主人的房屋搭有一架铁梯子，可以直接进入碉楼内，在新入口上方有3个"1"字形瞭望孔，背面墙体中部有一个瞭望窗。南面、西面、北面的墙基宽7.2米，东面伸出的一外角长1.3米，和南面、北面外墙角之间的距离为2.6米，东面墙体顶部有左、右2个"1"字形瞭望孔。碉楼中所用最大的石材长2.6米，宽0.5米；最小石材长0.03米，宽0.08米。根据介绍，五角碉楼多出的边角主要起加固的作用。呷贡碉楼和空巴碉楼相距约12米，空巴碉楼和达工碉楼、格鲁碉楼以及扎勒碉楼分别耸立于山脊，这些碉楼都保存得非常完整。

芝工碉楼一　芝工碉楼一位于莫洛村上莫洛寨，为四角碉，边长5.8米，高约5米，残缺。

芝工碉楼二　芝工碉楼二位于莫洛村上莫洛寨，为四角碉，现已垮塌，有底座保留。

航达碉楼一　航达碉楼一位于莫洛村上莫洛寨，为四角碉，高约15米，现保存完整。

航达碉楼二　航达碉楼二位于莫洛村上莫洛寨，为四角碉，现已经垮塌，有底座保留。

噶沙碉楼　噶沙碉楼位于莫洛村上莫洛寨，噶沙，意为碉楼地，为四角碉，边长5.4米，原高4米，已经垮塌。

果雄碉楼　果雄碉楼位于莫洛村上莫洛寨，果雄，意为小房子，为四角碉，2000年垮塌。

达沙碉楼 达沙碉楼位于莫洛村上莫洛寨，为四角碉，已经垮塌。

依硕碉楼 依硕碉楼位于莫洛村上莫洛寨，为四角碉，已经垮塌。

哈丹碉楼 哈丹碉楼位于莫洛村上莫洛寨，为四角碉，边长5.8米，高22米，顶部残缺，基本完整。

空沙碉楼 空沙碉楼位于莫洛村上莫洛寨，空沙，意为新房子，为四角碉，2001年垮塌。

噶饶碉楼 噶饶碉楼位于莫洛村上莫洛寨，噶饶，意为碉楼下方，为噶饶家的四角家碉，20世纪70年代毁坏。

压芝碉群 压芝碉群位于莫洛村七家寨，过去这里是碉群，但是现在能看见的碉楼只有一座，为四角碉，边长6米，高20米左右，比较完整。

古若碉楼 古若碉楼，位于莫洛村七家寨，古若，意为芦苇，因原来此处芦苇密布得名，为古若家的四角家碉，边长5.6米，高10米左右，顶部残缺，基本完整。

呷则碉楼 呷则碉楼位于莫洛村东风寨与共布村交界处，呷则，意为碉楼下，为四角碉，边长6米，高22米，危碉倾斜，基本完整。

李家碉楼 李家碉楼位于莫洛村东风寨，为李家四角家碉，李家为汉族。该碉楼高6米，保存完整。

冷各碉楼 冷各碉楼位于莫洛村东风寨，为四角碉，高6米，保存完整。

三家寨碉楼 三家寨碉楼位于莫洛村东风寨，为四角家碉，高

6米，保存完整。

信仁碉楼一 信仁碉楼一位于莫洛村东风寨，为四角碉，边长5.6米，高30余米，保存完整。

信仁碉楼二 信仁碉楼二位于莫洛村东风寨，为四角碉，边长6米，高30米，保存完整。

来江碉楼 来江碉楼位于莫洛村东风寨，为四角碉，边长5.5米，高20余米，保存完整。

沙绕碉楼 沙绕碉楼位于莫洛村东风寨，为四角碉，边长5.5米，高9米余，残缺。

藏族碉楼营造技艺

在嘉绒地区砌石是主要的建筑形式，无论修造用于作战防御的碉楼还是用于自住的碉房，其技艺都是一样的。2008年，藏族碉楼营造技艺入选国家级非物质文化遗产代表性项目名录，保护单位为丹巴县文化馆。具体施工过程中，为了减少土方量和缩短工期，可将基础分成若干小块开挖或整平。首先要挖掘出表层土壤到坚实的深层土壤，当基础变得平坦后，就可以开始进行基础的放线和砌筑。通常，基础会采用"筏式"设计，即在整个基础上铺设石块，并加入黏土和小石，这样可以使基础形成一个完整的结构，避免地基不均匀沉降，从而提高地基的承载能力。由于这些因素的影响，在建造高矮不同的各类高碉时，往往将它们组合成一体或组合为多层建筑物。地基的宽度和厚度是根据建造的高碉的尺寸和高度来确定的。建造房屋所用的建筑材料是就地取材的，但必须保证质量。该建筑的墙体材料完全来源于当地的自然石头和黏土，木材也是从附近的山林中砍下的。可见，砌筑是一种复杂而细致的工作。

在建造高碉的过程中，工匠们仅依靠内部结构来砌筑反手墙，并完全根据经验进行逐级的收分。为了防止墙身开裂或裂缝过大，还必须对墙体两侧做一道抹灰。在建筑过程中，通常会砌筑到1.4—1.6米的高度，然后进行一次平整，接着用木材平铺作为墙筋，这样可以增加墙体的横向拉力，避免墙体出现裂痕。另外，还必须根据不同情况，采用各种方法来提高墙体强度。在墙的交接处，需要特别关注石块的放置，因为这些石块既厚实又长，通常被称为"过江石"，以确保墙体两侧石块的紧密结合和叠加效果。墙外部应平整光滑，不得有不平现象。砌筑时，首先要根据工程需要确定砌筑高度及尺寸，然后将石块砌筑整齐。在微小的缝隙中，通常会用黏土和小石头来填补，确保缝隙都被泥土和杂质填满。工匠

↓ 正在建造的碉房

用于砌筑的工具非常少：首先是一把一端呈圆形、另一端像锲子一样的铁锤，其次是由牛的扇子骨或木板制成的一对撮泥板。人们仅凭这么简单的工具和灵巧的双手，结合智慧，用天然的石头和黏土、木材建造了宏伟的建筑。

经过数百年的经验传承，嘉绒的工匠们已经掌握了高超的碉楼营造技艺，且无须担心后继无人。普通的男性从少年时代就开始接触砌石的技巧，因此，大多数嘉绒成年男性都在某种程度上精通这一技艺。那些技艺超群的人会选择这一职业，成为专业的掌墨师，他们主要负责放线和墙角的砌筑，以确保建筑的质量。

任乃强先生在《西康图经·民俗篇》中将丹巴民间的砌石技艺称为"叠石奇技"。书中对这种技艺进行了如下描述："康番各种工业，皆无足观。惟砌乱石墙之工作独巧。蛮寨子高数丈、厚数

↓ 村民正在建造碉房

尺之碉墙，什九皆用乱石砌成（无石地方，乃用土筑）。此等乱石，即通常山坡之破石乱砾，大小方圆，并无定式。有专门砌墙之番，不用斧凿锤钻，但凭双手一筐，将此等乱石，集取一处，随意砌叠，大小长短，各得其宜；其缝隙用土泥调水填糊，太空处支以小石；不引绳墨，能使圆如规，方如矩，直如矢，垂直地表，不稍倾畸。并能装饰种种花纹，如褐色砂岩所砌之墙，嵌雪白之石英石一圈，或于平墙上突起浅檐一轮等是。砂岩所成之砾，大都为不规则之方形，尚易砌叠。若花冈岩所成之砾，尽作圆形卵形，亦能砌叠数仞高碉，则虽秦西砖工，巧不敌此。此种乱石高墙，且能耐久不坏。曾经兵燹之处，每有被焚蛮寨，片椽无存，而墙壁巍然未圮者。甚有树木自墙隙长出，已可盈把，而墙不倒塌者。余于丹巴林卡南街，见一供守望用之碉塔，塔基才方丈许，愈上愈细，最高约

↓ 墙体

方四尺许，中空，可容持枪番兵上下，凡十八层，每层高约丈余，各有窗眼四口。此碉亦用乱石叠成，据土人云，已百余年，历经地震未圮，前年丹巴大地震，仅损其上端一角，诚奇技也。"[1]

古碉的象征意义

在600—700年前，莫洛村已经不再建高碉，但家家户户仍然修建碉房。现有的碉房可分为两类，一类是碉与房连为一体，碉高20余米，最高达40米，房高3—5层；另一类为无高碉的纯民居建筑，3—5层，但这类建筑在房顶后方一角都要修筑一个形状和大小与高碉顶部类似的四方形建筑——"拉吾则"。"拉吾则"四角呈月牙形，有的呈牛角形。月牙形造型是丹巴及大小金川嘉绒民居

↑ 远眺连房碉

[1]任乃强：《西康图经民俗篇》，新亚细亚学会1934年版，第33—34页。

的特殊标志，从信仰的意义上讲，其四个月牙形造型的尖顶代表四方诸神。在四个角上安放白石，以作诸神的象征进行供奉，角后还专门预设有石插板，钻有孔洞，便于插入嘛呢旗。在某种意义上讲，"拉吾则"位于过去建造高碉的位置，具有高碉的文化含义。"拉吾则"旁边依山方向还设有"煨桑"用的"松科"，即煨桑塔。每天早上，家里的老人会在此煨桑敬神。

据学者研究，莫洛村的民居造型很像僧人打坐时的形体，高出的"拉吾则"顶层是僧人之头；顶层下面的L形平顶，代表打坐僧人交合的双手；再下一层的L形平顶，恰似打坐僧人的盘腿。只要地形条件许可，大部分民居坐北面南，朝向南海普陀山。

关于碉的传说故事

莫洛村流传着一些关于碉的传说和故事，给高碉增添了神秘色彩。碉在民众心里是有神性的，不能拆、不能破坏。在老一辈人的认知中，碉是为琼修建的，而他们则是琼的后代。在与莫洛村一山之隔的中路乡，一位贡巴说，碉是有碉神的，叫"则"（zei），比山神地位还高一级。相传莲花生大师曾经到过康定，路过八美，发现这个地方太小不能容纳他的法力，于是派了弟子毗卢遮那在这一带弘扬佛法，与他一同到来的还有战神和碉神。据说碉神在一夜之间就建起了一座碉。当地举行建房仪式时请贡巴所念的经文中，要重点敬碉神，祈求他庇佑人们能够躲避各种灾难。过去因为建房等原因不得不拆碉的时候，拆前也要请贡巴占卜、打卦，选一个好日子把碉神移到高山上去。平时遇到什么不好的事情，可以在每月的几个好日子里祭祀碉神。现存较好的

拉吾则

拉吾则

连房碉

连房碉

煨桑塔

能上得去顶部的高碉，须在每年清明煨桑时登顶，换掉高碉四角上所插的旗帜，其目的是安碉神。

除上述外，莫洛村关于碉的传说故事，有如下几种。

碉与男性力量　据老人们讲，千百年来，丹巴藏族就一直沿袭着一种习惯，凡家中添丁进口，即开始备石、备泥、伐木，准备修建高碉。男孩长到1岁，高碉就修筑一层，同时还将一块毛铁埋在碉旁。男孩每长一岁，高碉都高一层，而埋在碉旁的毛铁也要取出锤炼一番。直到男孩长到18岁，高碉修完18层，毛铁亦锤炼18次并制成钢刀。这时就要给男孩举行成人仪式，并把钢刀赐予男孩，表示男孩已经成年，可以成家立业了。

在藏族地区，过去人们判断家庭富裕程度的标准是不一样的，有的地区是看女人们陪嫁的嫁妆贵贱，有的地区是看牛羊的多少，有的地区则要看男人们所骑的马和佩戴武器的好坏。在嘉绒地区，一是看谁家的猪膘挂得多，二是看谁家的碉修得高。碉也是财富和精神力量的象征。

碉与女性智慧　与莫洛村隔大渡河相望的蒲角顶是高碉分布密集的地方，在其最高处，保留着一座十三角碉。传说这座十三角碉是当地首领岭岭甲布所建。由于岭岭甲布的势力很大，地方又富庶，于是他想要建一座前人没有建过的十三角碉，以显示自己的权力和富有。

有一天，岭岭甲布召来了所有远近闻名的能工巧匠，当他把自己的设想说出来以后，所有的工匠都束手无策。此时，一位住在大渡河对岸达赞片区，手里不停捻着羊毛线的姑娘恰巧来到此地。这位姑娘生来聪慧伶俐，她好奇地看着众多工匠为难的场面，胸有成竹地说她能为建十三角碉实地设计施工画线。姑娘的这一举动，不免使在场的工匠一片哗然，认为她不自量力，说大话。岭岭甲布听后，迟疑了许久，勉强答应让她一试。姑娘便将手中捻羊毛线的坠子插入地里，按照岭岭甲布提出的尺寸在地上划了内外两道大圈圈，并很快地在两道圈圈上各分出13个点，然后插上白蒿小棍，再用羊毛线绕内外两道圆圈套上，13个阳角和13个阴角便呈现在人们的面前。工匠们按照姑娘所放的线砌筑施工。没过几个月，一座精美的十三角碉就矗立于蒲角顶的最高处。

阴阳碉的传说 在古代，丹巴中路村寨里居住着两位大能人，一位是深谙藏族文化、声名远扬的大学者，另一位是建碉技艺超群的能工巧匠。有一天，他们两人聚在一起谈天说地。其间，学者自夸说一天之内能抄写有108函的《甘珠尔》经文，而巧匠也说他一天之内能修108座高碉，两人谁也不服谁，于是决定用实际行动来证明各自的能耐。第二天一大早，学者准备好了文房四宝，便聚精会神地伏案而书；巧匠却动员全寨的人给他运石、和泥、打杂。及至黄昏时，学者已抄完108函的《甘珠尔》，此时，巧匠只修完了107座半高碉。巧匠无奈，只好摸黑把那最后的半座高碉修完。不想这最后半座碉修好后，却呈现出两种颜色，白天修的半截是白色的，晚上修的半截是黑色的。这座高碉因而得名阴阳碉，至今耸立在中路的海子坪。

碉楼林立的莫洛村

中国民间
文化遗产
抢救工程
THE PROJECT TO CHINESE
FOLK CULTURAL HERITAGES
SOS

　　莫洛村所在丹巴县的地貌主要是立体分布的，可以分为：
中山峡谷区，即河坝和半山地区，海拔1700—2600米；亚高山
地区，海拔2600—3800米；高山地区，海拔3800—5521米。丰
富多样的地貌使得这里农牧兼营，耕地主要分布在海拔1700—
3600米的河谷和半高山地带，牧场主要分布在海拔3800米以上
的草场和高山林间草地。莫洛村位于大渡河边，海拔高度低，气
温相对较高，在丹巴县是农业生产条件较好的区域。

↓ 河畔农田

第三章

生产与生计

传统的农业生产方式

莫洛村的海拔范围是1900—2000米，以山地农耕为主。在1950年以前，莫洛村的农业主要依赖刀耕火种，也就是砍火地[①]与轮歇地[②]的结合。这里的生产工具相对简单，主要是木制的农具，很少有铁质的。主要种植的作物包括小麦、青稞、玉米、荞麦、大麦、燕麦、土豆和各种豆类等，这些作物都是通过撒播的方式种植的，没有施肥、除草和灌溉的习惯，因此产量非常低。由于长期使用这一耕作方法，致使水土流失严重，土壤瘠薄。自1950年以后，经过技术的革新，条播、点播、施肥、除草和灌溉得到了广泛的应用，轮歇地逐步被淘汰，同时引入了优质种子，粮食产量显著增加。

↑ 房屋旁边的农田

---

①砍火地：刀耕火种农业是农林混合农业，采取砍伐—种植—休耕—砍伐的循环方式来进行农业生产。森林经过砍伐、火烧转化成耕地，主要是为了烧草木灰来获取肥料，提高粮食作物产出。
②轮歇地：砍火地所得的农业用地经过若干年的种植失去肥力后抛荒休耕，称为轮歇地，以使地里的树木重新生长。

现代农业

莫洛村有耕地面积209.75亩，退耕还林面积623.83亩，大春播种面积40亩，小春播种面积169.75亩，村民主要种植玉米、小麦和苹果、核桃、梨、花椒。小麦和玉米轮种，基本上一年两种两熟。冬小麦是在每年的11月（阴历九月底十月初)下种，第二年的6月收割。小麦收割之后种玉米，玉米在国庆节之后收。玉米收完，晾晒田茬10—15天，再翻犁种麦。山上的纳依村则在小麦之外种植芜根。该地区种植的芜根，学名芜菁，具有悠久的历史和广泛的分布，呈白色扁圆形，其肉质比萝卜更为细腻和甜美，其块茎可作为猪和牛的饲料，叶子可用于制作酸菜，因此成为人们喜爱的蔬菜之一。

↑ 芜根面汤

莫洛村位于河坝地区，拥有优越的光热环境，一直是丹巴县的农业实验基地。由于林地面积大，土壤肥沃，加上林农的精心管理，这些林木生长茂盛，每年可获得大量优质果品，为农民增收致富提供了可靠保障。

1959年，莫洛村进行了水稻试种，还从新疆引入了黄番茄种植。由于河谷地区风力较大，水稻容易发生倒伏现象，因此在1982年决定停止种植。此后，由于当地缺乏灌溉设施，粮食产量一直很低，每亩仅能生产一二百斤。尽管黄番茄是试种品种，其亩

收获的玉米

自产的苹果、核桃、瓜子

妇女劳作

背芄粮的妇女

耕作

产量却惊人地达到了万斤，并且其果实味美，因此在丹巴县得到了广泛的推广，成为该县的主导商品蔬菜。

莫洛村靠近县城，村民每天可以到县城农贸市场卖菜，因而村里种植的蔬菜品种繁多。河谷地区适合种植的蔬菜品种，主要包括萝卜、白菜、莴笋、芹菜、土豆和芫根等。近年来，随着交通条件改善，莫洛村所产的蔬菜除少量供本地市场外，大部分供应到外地市场。除了这些，这里还拥有众多的经济树木，通常每个家庭都会种植十几到几十棵苹果树或梨树。另外，莫洛村还大力发展了葡萄产业。近几年，农业开发公司通过土地流转的方式种植了大约100亩的葡萄，从而使村民的收入有所增加。

莫洛村周边森林茂密，因此村民也利用林下的各种资源，例如采菌子和挖药材，以此来增加收入（见表3）。

表3 莫洛村农事劳作周期表

时间	主要活动
春节前	种糯玉米（用地膜）
清明前后10天	种玉米
4、5月	田间管理
6月	割麦子、种玉米
7—9月	割草、积肥、卖菜、捡菌子
10月	收玉米
11月	积肥、种小麦
12月	种土豆

养殖业

　　莫洛村传统的牲畜养殖主要有猪、黄牛、犏牛、山羊、绵羊、马，家禽有鸡等。黄牛分布在农区和半农半牧区，一般农民家中都养黄牛，公牛或阉公牛主要用于耕地和食肉，母牛主要用于繁殖和挤奶，其奶、脂是村民做奶茶和酥油茶的主要原料。犏牛是公黄牛和母牦牛的杂交，阉犏牛的耐热性和役用性较强。莫洛村也养山羊，主要取其皮毛和肥料。养殖的黑绵羊，毛可用作编织地毯，具有很高的经济价值。

　　莫洛村家家户户都养猪。猪主要为半圈养，白天将猪放出，日暮收回。过去马（驴、骡）是主要交通运输工具，从前家家户户都养马，因为时常需要无偿支应土百户的乌拉差役。1950年后随着公路交通的发展，养马的人逐渐减少。

↑ 猪、牛

↑ 马

↑ 村民背草回家喂牲畜

日常出行与运输

莫洛村位于大渡河畔，这里山势陡峭，河谷深邃，大渡河的水流湍急，使得交通非常困难，因此在历史上，交通运输主要依赖人力和马匹。

人力背运

当地的人力背运方式非常特殊，通常是用皮条或绳索套在背运的物品上，然后挎在两臂上。在山区，道路狭窄危险，如果背运过程中身体不适或遇到意外，只需一拉套绳，两臂一松，物体就会迅速脱离身体，不会造成伤害。还有一种绑重物的办法。在相对平坦的路面上，人们通常会用绳子将物体紧紧捆绑，然后用两条背绳系住，并将其套在肩背上进行运输。因为山高谷深、路程不便，且每次背负的重量都是几十斤，每天只能行走二三十里或者四五十里。在过去，人力背运主要服务于官方，特别是土司头人官府的支乌拉背运。后来随着茶马贸易的兴盛，很多土司也让农户为其商运支乌拉差，支乌拉差时间长，路途危险，人民不堪重负。也存在一部分民间的运输，也就是商人雇农户背运。为此，民国年间，县政府曾制定《丹巴县支给乌拉办事细则》共15条，对于官运与民运的区别、范围、运价等方面均有具体规定。为保证官运，专门设置办差机构，配办差人员，编制差民2480户。当时丹巴境内乌拉差役设站情况如下：

东路，县城至岳扎，换站到懋功（今小金县）为止；

西路，县城至东谷，换站到牦牛，再换站到康定为止；

南路，县城至江达，换站到绒坝沟为止；

北路，县城至大巴旺，换站到靖化（今金川县）为止。

当时县政府规定的运价为：差夫每人背60斤，日付运价1元，背120斤者，日付运价2元，不足60斤者按60斤计价。

畜力运输

畜力运输不仅是一种关键的运输手段，而且其运输距离也相对更长。因此在山区和半山区，就有许多地方修建了畜力运输的道路。1950年以前，从丹巴到其邻近地区存在着丹靖（从丹巴到金川）、丹泰（从丹巴到泰宁，也就是现在的道孚县八美）、丹懋（从丹巴到小金）和康丹（从康定到丹巴）这几条驮道。1950年后，随着地区经济的逐步发展，牲畜运输系统在这些山区和半山区逐渐得以完善。康定等地的茶叶、布料、日常用品、食物以及金属工具等物资被运送到这些地区，而粮食、牲畜及其他物品则从山区运送到外地。此外，农副产品和家庭小规模手工制品也通过牲畜运输系统流通。畜力运输的主要工具是骡马。骡车分为两种形式：坐式骡车和卧式骡车。坐式骡车一般由木架或铁轮构成，用于运载货物；而卧式骡车则采用木结构，也有竹板做成的。"乘马"则多指客运服务，即乘客乘坐马匹进行短途出行，每位乘客乘坐十里车的费用为50元。驮运时，驮马的重量上限通常为60斤，每站收费2元，超重部分也按相同费用计算。运粮时，通常按照当地的习惯，按亩征收运费。在这些地区，骡马不仅是主要的运输工具，还广泛参与到日常运输运营中。除了县内有76匹专门用于差遣的骡马外，寺庙中的商人也会饲养骡马参与运输。骡马主要用于运送粮食，也兼带着运送柴草、部分杂木等物资，偶尔也会从事少量的商业贸易。一部分农户在农业的闲暇季节也会参与运输活动，尤其是在乡村集市上，骡马运输尤为常见。此外，也有一些在县城和集镇附近从事短途货运的骡马运输活动。骡子和马通常结伴前行，形成了马帮的运输队伍，马帮的路线多以乡村公路为主。在长途运输过程中，由于沿途缺乏固定的住宿设施，马帮成员通常需要携带帐篷在途中过夜。部分马帮成员还会携带猎犬和枪械，以防止匪患和其他潜在的危险。

公路

自1950年以后，随着交通领域的持续进步，莫洛村的交通状况

↓ 盘山路

得到了明显的改善，公路运输逐步取代了传统的人背马驮方式。莫洛村目前拥有一条S型的蜿蜒山路与外部世界相连，这条道路蜿蜒下坡，直达大渡河的吊桥，并与315国道相连，直通丹巴县城。

↑ 林中小道

村中道路

　　莫洛村内的道路多为小路，不规则分布，将各户连接在一起。近年来，经过不断修建，村里的小巷采用了石板作为建材，它们蜿蜒曲折，形似"鱼骨"。由于整个村落布局紧凑合理，建筑单体形态完整对称，在地形的影响下，分支小路呈现出自然的随机性，从而保留了传统村落的风貌。

↓ 林间石板路

莫洛村的民俗活动和节庆非常丰富。嘉绒的孩子从小热爱歌舞，人们常常说这里的人会说话就会唱歌，会走路就会跳舞，因而莫洛村有非常丰富的音乐和舞蹈。锅庄是集音乐、舞蹈和仪式于一身的歌舞活动，人们在节庆、仪式和日常生活中都会跳锅庄。按照不同场合的需要，锅庄的音乐、歌舞都不同。莫洛村居民过春节，也过藏历年。春节的活动内容是生活性的，包括家人团聚、新年祈福、村落娱乐等。藏历年活动的宗教意涵更多一些，通常以宗教信仰活动和到寺院祈福为主。其他节庆多和当代的民间信仰、社区整合、人生礼仪相关。

↓ 墨尔多庙会

第四章
民俗与节庆

丰富多彩的民俗活动

锅庄

锅庄是一种藏族舞蹈，为"果桌"的音译，本意为圆圈舞。藏族作为一个能歌善舞的民族，每到大型活动的时候，人们都要跳锅庄庆祝。长期以来在丹巴地区流传着这样一种说法：有人的地方就有歌，有脚的人就会舞。旧时莫洛村逢年过节和庙会跳锅庄时，坡上的好几个村都会参与，由村长（百户长）主持。跳舞时大家都身着盛装。

↑ 跳锅庄

清同治十三年（1886）吴德熙《章谷屯志略》记录了丹巴锅庄的相关情况："夷俗每逢喜庆，辄跳锅庄……"在丹巴不同地区，锅庄有不同的表现形式，大体可分为二十四村、巴底、革什扎三大部分。莫洛村所在的中路、梭坡、纳顶一带称锅庄为"卓"，巴底一带称"达尔嘎"，革什扎一带称"恩鞠"。

跳锅庄所着的服饰，男舞者头戴狐皮或藏式礼帽，身着藏青、绛红、赭石色氆氇长衫，内穿白色长袖衬衣，脚穿皮靴；女舞者头搭绣花方帕，身穿油绿、绛紫、赭红、翠蓝、藏青色水獭皮镶边中长外套，下着绣花百褶裙，项挂吉祥锁或珊瑚珠串，头佩银质配饰、碧玉发簪，腰悬银链，下垂各种配饰和铃铛。

　　莫洛村的锅庄按其功用分为两种：一种是大锅庄，另一种是小锅庄。大锅庄是礼仪性舞蹈，多在寺庙重大佛事活动或迎接尊贵宾客时跳。大锅庄的仪式性较强，如要预定领舞者（多为男性长者），要求装束统一等。大锅庄有舞蹈程式，舞步稳重，舞姿端庄含蓄。小锅庄则属于自娱性舞蹈，形式多样，不拘一格，不限场所，其领舞者也不受性别限制，其内容多表现爱情、劳动等。舞蹈长袖挥舞，步伐欢快自如，洒脱活泼。秋冬两季跳锅庄的活动最为频繁，因为结婚、新居落成等，均要跳锅庄以示庆贺。跳锅庄不需要固定场所。大型集会时，一般选择开阔的草坪，或者是已经收割的庄稼地；小型集会时，则在室内或场院内即可。

　　跳锅庄时通常男女各成一队。人数多寡不限，队形常用的有两种，一是圆圈形，男女舞者各列一行，队列呈环形；二为喜旋图

↓ 跳锅庄

式，男女舞者边歌边舞，领舞者领队旋进圆心，再旋出呈一圆圈。圆圈形成时圈心摆设桌案、陈列哂酒。舞队由一位德高望重的领舞者领舞。男舞者挥袖歌舞，女舞者携手踏节。

丹巴锅庄以歌伴舞，歌词内容包罗万象。《章谷屯志略》称："所歌者数十百种。"据甘孜州文化局艺术集成办公室普查，歌词内容可分为四部分。第一部分带有浓厚的宗教色彩，主要为祭祀神灵，颂扬佛法，歌颂宗教圣人（喇嘛、活佛）、达官贵人、寺庙建筑及父兄长辈等，祈祷吉祥如意，宣传伦理道德，宣扬弃恶扬善等内容。第二部分是赞美自然风光和家乡风情，歌唱劳动、理想、爱情，祝愿人寿年丰，表达喜怒哀乐。第三部分是相互谐趣逗笑。第四部分表现动物习性，模拟动物形态，反映动物生活。

↓ 跳锅庄

锅庄舞段结构，首先以自由型的散板为引子，再以缓慢的舞步正板进入踏跺为主的行进式歌舞。一曲歌毕，以急促的踏点结束舞段。

莫洛村锅庄属二十四村锅庄，以脚步的踏、跺组合为特点，最具代表性的是"九步锅庄"和"兔儿锅庄"，可分为祝酒舞、祝福舞、祈祷舞、欢乐舞、降妖舞等。男舞者两臂动作变化较小，一般按照踏点节奏而随身体自然摆动。女舞者因披毡横扣于前胸，手部基本没有动作。缓慢的上板舞步与大段的踏点跺步形成刚与柔的强烈对比，踏跺组合中节奏缓慢交错，舞蹈轻快、活泼。莫洛村的"兔儿锅庄"十分有名。人们将兔子的特征形象地用舞蹈动作表现出来，如把双脚并拢，身子微缩，双膝弯曲，竖起两根指头，手背贴在前额，一跳一蹦，可以说惟妙惟肖。

民歌

莫洛村民歌极为丰富多彩，婚嫁时唱婚礼歌，迎接贵宾时唱迎宾歌，送别亲友唱送别歌，男女青年相爱时唱情歌，劳动过程中唱劳动歌，砍柴放牧时唱山歌，亲友相聚时唱酒歌。

"啦啦调"便是莫洛村极具代表性的一种民歌形式。"啦啦调"以"嘛啦啦"和"哟啦啦"为衬词，曲调固定，唱词丰富，音域高亢宽广，宛转悠扬。比如，在男女青年相互试探心意时的"啦啦调"。

男唱：

岩上滴水（嘛啦啦）滴滴清（哟啦啦），

滴在龙窝（嘛啦啦什）万丈深（哟啦啦）。

捡个石头（嘛啦啦）试水深（哟啦啦），

唱个山歌（嘛啦啦什）试姐心（哟啦啦）。

女应：

太阳阴了（嘛啦啦）阴过岩（哟啦啦），

蜂子打花（嘛啦啦什）过峭岩（哟啦啦）。

蜂蜜好吃（嘛啦啦）花难打（哟啦啦），

打花之人（嘛啦啦什）路难行（哟啦啦）。

男唱：

天上下雨（嘛啦啦）地下湿（哟啦啦），

房子围转（嘛啦啦什）种黄瓜（哟啦啦）。

好吃黄瓜（嘛啦啦）冷冰冰（哟啦啦），

贤妹说话（嘛啦啦什）冷断心（哟啦啦）。

女应：

青布帕子（嘛啦啦）四角方（哟啦啦），

四角中间（嘛啦啦什）绣牡丹（哟啦啦）。

只要小哥（嘛啦啦）心眼好（哟啦啦），

把你绣在（嘛啦啦什）花中间（哟啦啦）。

"啦啦调"的歌词还可以表现思念之情。如：

核桃开花（嘛啦啦）吊吊长（哟啦啦），

隔山隔水（嘛啦啦什）想爹娘（哟啦啦）。

想起爹娘（嘛啦啦）路程远（哟啦啦），

想起姊妹（嘛啦啦什）难团圆（哟啦啦）。

莫洛村有著名的"阿罗罗"唱喜不唱忧，其唱词如下：

远看群山似朵玛（酥油花），

太阳环山似油花。

阳光洒满人间地，

万物生长靠太阳。

远看家乡似坛城，

近看内方外为圆。

莲花平地沃摩隆仁（苯教起源地，为吉祥之地），

来世轮回求投生。

远看彩虹似双桥，

桥的尽头香巴拉（最理想的栖息之地）。

今生今世多积德，

来世投生香巴拉。

此外还有一些唱词，如下① ：

山歌（比喻类）唱词

昨天记忆是可贵，

没昨天不会有今。

无数昨天出成就，

为了创造今生活。

---

①以下歌词均为泽郎格绒翻译。

总结经验忆昨天，
昨天路上有失误。
为了今天解难题，
珍惜昨天的成果。

未来明天更可贵，
理想要在明天现。
如果没有那明天，
今天努力无意义。

山歌译词（忆旧情）

象牙手镯龙头形，
修筑"拉则"时遗失。
如今一心想追回？
过望又怕世人笑。

白色耳环纯银洁，
修筑"拉康"时遗失。
如今一心想追回？
过望又怕世人笑。

黄金手链八宝形，
修筑"康千"时遗失。
如今一心想追回？

过望又怕世人笑。

讴译（褒扬）词

世上叙说三种美，

初春雨后麦田美，

初冬雪后群山美，

阳光初照金顶美，

世上确有三种美。

世上叙说三种乐，

佛星高照僧侣乐，

伟人治国公民乐，

父母长寿子孙乐，

世上确有三种乐。

世上叙说三种舞，

鹏程展翅蓝天舞，

骏马奔驰草原舞，

和谐安康百姓舞，

世上确有三种舞。

传唱讴译词

五彩缤纷华宝幢，

伴随妙音天而降，

辛饶（苯教创始人辛饶米沃）随从弟子心，

来自天庭非一般。

你的凤愿未圆满，

为众生转动法轮，

人间众生乐融融。

锅庄歌译词

过了一山又一山，两山之间架虹桥。

桥上过着圣贤士，左手捧着葫芦寿，

右手举着经幡旗，葫芦祝长命百岁，

经幡祝吉祥如意，世间欢乐永长在。

对面长青岩柏松，绿色松枝烧煨桑。

烟雾升空变祥云，祥云洒下甘露水。

甘露滋润人间地，人间大地五谷丰。

五谷酿成九月酒，上供天上各诸神。

下施人间歌舞中，吉祥如意扎西学。

传统服饰

在丹巴县境内，农区的服饰大同小异。过去这一地区盛产胡麻，人们用胡麻纤维编织并制作衣物，由于麻织品加工制作工艺繁复，费时费力，近代以来已逐步为棉布、化纤、绸缎等面料取代。由于当地盛产牛羊，所以当地人常常使用牛羊毛作为原料来纺织日常衣物。一般来说，要把羊毛纺织成日常衣物需要经过洗毛、梳毛、捻线、绕桄、上梭、纺织、染色、整理八道工序。先将羊毛清洗干净，然后晒干，去其杂质。用梳毛板"柏谢"进行梳松，羊毛梳松后如棉花一样蓬松。捻毛线用的工具，通常为木质的捻线锤，捻细线的叫"各约"，捻粗线的叫"旁"，锤轴长25—35厘米，下端安上一块圆木或石坠，另一端拴上线以便旋转，将松软的羊毛纺成毛线。如果是牛毛线的话，通常韧而光滑，抗腐耐磨，主要用于织褐子和搓毛绳。

莫洛村民穿着嘉绒服饰，一般分为平时穿着的便装和喜庆节日时穿着的盛装。

女性传统便装

莫洛村妇女最常见的传统便装即是人们俗称的"三片"。

一片是搭在头顶的头帕，当地人称"巴惹"，"巴惹"一般用白、

↑ 三片

黑两种颜色的布料制成。如系中老年人使用，一般为素色，不绣花边和彩花图案；已婚少妇的"巴惹"不仅绣有彩线花边，而且在四角还绣有花卉图案；如果是未婚少女，还需在"巴惹"的前面两角系扎彩线束。

"巴惹"一般用辫子固定在头上。在梳独辫或双辫时，需编入大股蓝、青、红单色头绳。一般中老年妇女多使用蓝、青头绳，青少年女性多用红头绳。辫子梳好后，从颈后往头顶处交挽并束于颈后头帕之下。

上身喜穿白、红色的短衬衫，下身前系近1尺宽的窄围腰，当地称"罕修"或"航召"，下身后系较前围腰宽1倍左右的后围腰，当地称"格支"或"玛桑"。前后围腰即"三片"中的另两片，一般都在左右方或下方镶浅蓝色布边，并在围腰上绣花卉等装饰图案。中老年妇女喜欢在后腰拴一个三角形垫围，平时起护腰的作用，垫围用雪猪（旱獭）皮作里子，黑色平纹布作面子，节日盛装的垫围与便装的垫围不同，里层用白色或天蓝色平布，外层则用有精美图案的丝绸制作。

褂子的长度通常达到膝盖，并且没有袖子。如果是用老羊皮制成的，那么领子和边缘会镶嵌有花氆氇，或者是用羊羔皮作为内里，面由丝绸制成，而领和边缘则会用花氆氇和锦丝缎镶边，没有扣子。织带可以系在腿上，也可用来制作其他物品。莫洛村的女性所佩戴的腰带都是她们亲手编织的，每一条带子上都装饰着几十种独特的几何图形。

织带子是女性最基本的技能，莫洛村的女性在很小的时候便跟着妈妈学，带子用丝线、棉线、羊毛线或其他材料编织而成，

↑ 绣头帕

↑ 不同花色的头帕

头帕

围腰

后围腰

前围腰

腰带

女子便装

女子盛装

颜色或黑或白。一般来说，棉及毛织品用于便装，而丝织品则是
用于盛装。

　　莫洛村常见的传统女鞋主要有两类，一类是单层牛皮底鞋，黑
色牛皮帮、红色呢料制成鞋腰，17厘米宽的天蓝色或者黑色布料
制成鞋口，鞋内有自制毡子。另一类鞋腰用素色獐子皮或者鹿皮制
作而成，穿着时鞋帮上方完全覆盖着衣物。

　　在妇女的便装中，还有一种袍式长衫，圆领，衣长至脚踝，
开右襟，左边开小岔，腰系10厘米
左右宽的毡带或花带，此外还要在腰
间系一条类似汉族地区妇女所系的围
腰，围腰一般为黑色布质。这种服饰
介于袍和衫之间，多用布料或当地自
产的毡子制作。

↑ 外套

女性节日盛装

　　盛装则以外套、百褶裙等为基
本元素。

　　百褶裙是丹巴嘉绒的传统服装
之一。在一个世纪以前还是日常便
装，后来逐渐演变为节日盛装。早期
百褶裙为连衣百褶裙，共有108褶，
每褶宽约3厘米，上身是用土布缝制
的无袖坎肩背心。现在则是齐腰式的
百褶裙了。在喜庆节日里穿百褶裙，

↑ 披衫

↑ 百褶裙

↑ 男子传统服装

还需配上一件外套。这种外套领口和沿襟均镶边，一般为彩缎，袖口、下摆等处镶上宽窄不一的水獭皮，面料一般为氆氇、丝绒、绸缎等。这种外套与百褶裙相配，显得格外典雅、高贵。

男子传统服装

　　莫洛男子服饰由袍、衬衫、裤子、帽子和鞋组成。男子的便装多以用牛、羊毛纺织制作的本色毡子作衣料，制作的服装名叫"褚巴"，汉语称为"毡衫"。形制为圆领小衫，开右襟，衣长过膝，腰宽肥，束以腰带，下摆开叉略高，以便在山道行走和劳作。当地有一顺口溜说，"蹲下去岔开，站起来收拢，走起路轻松，劳动时活摆"。男子的盛装多为传统圆领大袖的宽袍，用料除当地自产的毡子外，还有氆氇、布和绸缎。无论便装还是盛装都内着衬衫，衬衫横宽竖短，衣袖宽长，高领，一般用各种颜色的丝绸、棉等布料制作，领、袖口、胸襟用锦丝缎镶边。冬天穿黑色或咖啡色灯芯绒做的衬衫，有单夹棉、皮之分，均用金丝镶边。盛装时，头上喜戴狐皮帽、金盏帽等，项系珊瑚、玛瑙、绿松石串珠和小护身盒"嘎乌"，腰带一般用大红、玫瑰、粉绿色的绸带，在腰后打结以作装饰。手指上戴戒指，一种为金质的圆圈状，没有图案；一种为银质，有精美图案，并嵌有珊瑚、绿松石。脚蹬传统藏式靴或"夯"，均为长筒。

精美饰品

妇女的饰品非常丰富，制作也很精美。妇女们在穿戴节日盛装时，头上要佩戴用金、银制作并嵌有珊瑚、绿松石的头匝，项系珊瑚、绿松石等珠串，佩戴耳环，以及护身盒"嘎乌"、腰饰、手镯和戒指等。

头匝是一种头饰，一般用银打制，有精美的图案，有两种佩戴方法，一种佩戴在扁圆形发箍的正中，一种佩戴在扁圆发箍的两侧。

耳环一般用银打制，接耳处为一圆环，圆环与各种精美的银制图案、宝石相连接。项链以银为主体，镶嵌珊瑚、翡翠、绿松石、九眼珠、黄琥珀等。

男性和女性都使用的护身盒"嘎乌"一般用银制成，镶有珊瑚和绿松石，有方的、圆的、扁圆的，盒内装有经书和护身符。

莫洛村妇女的手镯有象牙和银制两种，象牙有单圈和双圈的，银制的雕刻各式的图案，有的镶有珊瑚和绿松石。戒指一般为银制，也镶有珊瑚和绿松石。

莫洛村妇女一般会使用针线包，针线包为银制，上面缀挂挖耳勺、锥子和火镰，既可使用也是装饰用品。

耳环

头匝

手镯

耳环

珠串

嘎乌

节庆与仪式

墨尔多庙会

相传墨尔多山神于农历马年七月初十诞生，距今已有一千多年。每年农历七月初十至十五日，莫洛村村民都要去参加墨尔多庙会，朝拜墨尔多山神。

墨尔多庙会是小金川流域包括甘孜州丹巴县以及阿坝州金川县、小金县在内三县民众的传统节日。在墨尔多山神生日这天，方圆百里的群众都会聚集在墨尔多神山主峰下的墨尔多庙前，祭祀墨尔多山神。清乾隆中叶至民国时期，地方官员也在每年春秋季节朝山祭祀，并饱览山水风光。墨尔多庙会没有民族之分，来自各地的

↓ 墨尔多庙会

↑ 墨尔多庙会

汉藏民众共同祭祀，共同娱乐，热闹非凡。墨尔多庙会参与者的教派之分，仅仅体现在转山的方向不同。各个教派的居民共同庆祝，其乐融融。

最早的墨尔多庙会，主要的活动是祭祀墨尔多山神的仪式，其祭祀活动分为两个部分，一是在墨尔多庙祭祀，环墨尔多庙转山。这一活动在农历七月初十进行。二是转山祈福，一般在农闲时进行，常常是在冬季。其转山祈福道距离很长，需要15—20天时间。按照转山者的教派，苯教逆时针转山，佛教顺时针转山。莫洛村村民的转山线路循逆时针，他们从丹巴县章谷镇出发，沿小金川而上，转道三岔沟，经过今丹巴县太平桥、长胜店等地进入今小金县，翻越嘎丹山中梁子，顺曾达沟下至今金川县马尔邦，再沿大金川回到章谷镇。由于这一路线很长，人们将其与环墨尔多庙进行的转山对比，称为"大转山道"。

改革开放以来，祭祀活动逐渐变成了丹巴各族人民的传统节日，并由过去单一的宗教活动发展为集庙会、转经、朝山、旅游、集市贸易于一体，各族人民踊跃参加的节日。今天的墨尔多庙会，在个人祭祀的同时，来自各个乡镇的锅庄队都会齐聚庙会所在地进行比赛，莫洛村一般会表演自己的"兔子锅庄"，为村落争取荣誉。

嘉绒藏族风情节

丹巴县以美女闻名，被称作美人谷。从2001年开始，每年国庆节前后都会举行嘉绒藏族风情节，一般为期三天，非常隆重，曾经获评"中国最具民族特色的节庆活动"。嘉绒藏族风情节以歌舞表演、传统民族服饰展示、选美和跳锅庄为主，彰显了丹巴嘉绒地区历史文化风情，与此同时还继承和发扬了丹巴嘉绒地区的优秀民族文化，每年去观看的人络绎不绝。

↑ 歌手在演唱

↓ 风情节上载歌载舞

藏历年

在莫洛村，藏历年被视为最盛大的节日。藏历十二月上旬起，人们就准备好了新年需要的一切物品，家家户户都把青稞种子泡在水盆里，培育青苗，到藏历年初一这天，就要把长3—6厘米的青苗放在佛龛茶几上，祝愿新年里粮食丰收。十二月中旬起，家家户户用酥油、白面炸果子。果子品种繁多，有耳朵状、长条形、大麻花状、圆盘状、勺子形等。临近过年，家家户户都要备好五谷斗，斗里装着酥油拌制的糌粑、炒麦粒及人参果，斗上插着青稞穗、鸡冠花及酥油做的彩色花。还需要准备一只彩色酥油花塑羊头摆在神龛前面，以此酬谢过去一年的丰收，祝愿新的一年风调雨顺、五谷丰登、六畜兴旺。

在除夕即将来临的前两天，每一个家庭都需要进行彻底的清扫。腊月二十八早上，家家都要做面条和饺子。在二十九日的晚餐之前，需要在大门之上用石灰粉绘制代表吉祥和永恒的符号，还需要在干净的厨房中央墙壁上，用干面粉洒上"八吉祥徽"；当天晚上，各个家庭都要吃一些麦片土巴（全麦面块，色近于土）。这顿饭是全家人围坐一起欢聚的时刻，土巴面团里包裹着石子、木炭、辣椒、羊毛等，看谁能吃到，石子预示着未来一年内会变得坚硬，木炭预示着会变黑，辣椒预示着嘴巴会变得像刀一样锋利，而羊毛则表示

↑ 藏历年的装饰

会变得柔软。吃完以后，大家互相吹口哨，互相祝贺新年快乐，在三十日的夜晚，人们会在佛像前摆放食物，拿出为节日准备的服装，而家中的主妇则会煮制含有红糖、碎奶渣、糌粑等成分的热青稞酒。晚上，全家围坐在一起吃年夜饭。在全家人换上新衣之后，依次按照家族辈分坐下来。长辈们端上五谷斗，每个人都会拿上几粒并向天空撒下，以此来祭祀神灵。接着，他们会逐一抓取一些谷物送到自己的口中。最后，全家人一起享用酥油煮成的人参果并围坐在一起唱歌。当太阳升起时，整个家族都会前往神山去祭拜山神，或者是祭拜当地的守护神。从初二这一天起，人们开始走亲串户，参与跳锅庄、弦子、藏戏表演，以及赛马、摔跤、拔河等各种文娱活动。

千朱乐

莫洛村的孩子们有一个长达七天的特殊节日，仅14岁及以下的孩子们有资格参与，节日名叫"千朱乐"。"千朱乐"是一个供儿童参与的盛大狂欢节，它从农历二月初八开始，持续七天。在这七天中，人们要举办各种各样的庆祝活动和游戏。

"千朱乐"的核心理念是鼓励村中的孩子们共同玩乐。二月初八这一天，万物复苏，村民也希望孩子们能像春天的各种植物一样充满活力。"千朱乐"是村民们自发组织起来的节日活动，也是农村传统文化传承与发展的一个重要平台。"千朱乐"以村落家庭为基础单位，莫洛村每年都会选择一个家庭作为孩子们集体庆祝节日的场地。二月初七这一天，村里的孩子们一起收集九种不同的树木枝条，并将这些枝条捆绑成小捆，每一捆都包含九种不同的树木，作为吉祥的标志。在二月初八节日来临之际，孩子们会一起把绑好的树枝分发给村子里的每一个家庭。每访问一个家庭时，孩子们都会用歌声唱出九种树枝的名字和它们所象征的吉祥意义，以此向主人送上吉祥的祝福。作为回报，主人为孩子们提供肉、粮食等食品，在这些食物中，猪尾巴是不可或缺的。因为猪尾巴曾是最贵重的东西之一，且象征着兴旺富裕，所以人们在新春来临之际总是千方百计地把它送给亲朋好友。因此，在莫洛村的传统中，宰杀年猪时，人们会特意保留猪的尾巴，待到第二年的"千朱乐"活动时，将其作为孩子们的特别礼物。在送出祝福之后，孩子们会把收到的礼品带到举行集体活动的那个家庭。在这个过程中，孩子们得到了很多快乐和满足。在接下来的七天里，他们在这个短暂的大家庭中尽情地吃、玩，不分昼夜，直到节日结束。在这段时间里，家长们既不介入孩子们的日常生活，也不让他们回家工作。

1950年后，这一节日就不再举办，但是当地年纪较大的老人对这个节日都记忆深刻。

成人礼

女性的成年仪式通常被称作"金萨"，意味着"穿着成人的衣物"，由于仪式的核心是为女孩更换头部装饰，因此也被叫作"戴角角"。莫洛村的成人礼传统上是在三月进行，具体的举办时间需要喇嘛或贡巴选择一个吉利的日子。参与成人礼的人数会有所不同，可以为多位年满17岁的女孩一起举办成人礼，也可以为某位女孩单独举办。活动会在自布寺前方的开放空地上进行。按照传统的观点，不论家庭经济状况如何，都应当为女儿举办成人礼的仪式。如果一个人生前没有举办成人礼，那么她将一直是一个未成年者，去世后不仅要去阎王那里补办成人礼，还会面临相应的惩罚。

1956年后成人礼停止了一段时间，2001年10月嘉绒风情节期间恢复。

举行成人礼仪式之前需要准备头饰、服装等。女孩应该在几年前就开始留长发，并且要保留掉下来的头发，这样在成人礼上可以用来扎辫子。通常情况下，在成人礼开始前的半年，父母就已经开始为女儿制作新的衣物和准备各种首饰。成人仪式前的一到两个月，会停止让女儿参与重体力劳动，让她们尽量少晒太阳，多休息，并为她们准备最美味、最营养的食物，使女孩们变得更加丰满漂亮。女孩们需要在举行仪式前半个月整理好自己的头发，并准备

↓ 成人礼仪式

↑ 成人礼用具

好头饰。

在成人礼的前三天，家长通常会请一位生肖吉利、父母双方都健在、福气满满的年轻女性来为女儿梳妆打扮，这个过程通常需要花费一到两天的时间。届时在女孩前额左右各梳三条细发辫，额际系一道镶嵌珊瑚和绿松石、中间编入一颗花型大蜜蜡、形似发箍的珠宝带，头顶上两条发辫交错盘绕，发辫上串满了由金银制作，并镶有珊瑚、绿松石、蜜蜡的发箍；两条发辫的发尾缠绕在脑后一根长45厘米，粗约2厘米的发簪上。整体头饰呈琼的形状。

↓ 编织成人礼头饰

女孩双耳戴耳环，颈系多条珊瑚、玛瑙珠串；身着盛装，上衣一般以黑色的毡衫或丝绒制成，下穿绸缎浅色或银灰色百褶裙，内着长裤，极尽华美。

在成人礼当天，村里的居民和女孩的亲友都汇聚到活动地点。举行仪式的地点一般选择在村里或集镇上。这个仪式通常是由女孩的舅舅或是村里有众多子孙、深受尊敬的长者来主持。当仪式开始时，家长们首先会带着女孩前往寺庙烧香，并邀请喇嘛为她们诵读吉祥经。随后，女孩们离开寺庙，前往仪式场地。此刻，她们的家人已经开始煨桑祈福。在唢呐和铳等乐器的伴奏下，女孩们站在最前方，紧随其后的是长者、年轻人、锅庄队和观众。当桑烟袅袅时，人们共同向女孩祝福，主持人、女孩父母或亲属分别向其献哈

↓ 正在进行的成人礼

↑ 仪式乐器

达，念祝福词，比如《文成公主颂》，希望女孩有美满幸福的家庭。女孩也分别向主持人和父母回敬哈达和酒。当仪式到达高潮时，人们便时而男女排开对歌，时而围起圆圈，跳起锅庄，尽情地享受欢快的时光。

成人礼跳锅庄有两个特点。一是人们要为所有参加成人礼的女孩每人跳一轮锅庄，为哪个女孩先跳或后跳则不一定，可以按年龄大小，可以按身材高矮，也可以按家庭的居住地点为序；二是无论轮

↓ 成人仪式非遗传承人证书

甘孜藏族自治州非物质文化遗产

成人仪式 代表性传承人

格宗志玛

甘孜州文体广电新闻出版局

二〇一六年九月

到为哪个女孩跳，第一曲锅庄都由女孩家中跳得最好的一男一女领跳。男子领男队，女子领女队。女孩则排在女队的第二位。第一曲跳完后，女孩的亲戚们便一个一个轮流领队跳，亲戚越多，锅庄跳得越多，女孩就越有面子。每个女孩的锅庄跳完后，她都要走出队列，向舞伴、观众致谢，家里人则向来跳锅庄的亲戚们敬酒、献哈达，亲戚们向女孩赠送礼品。

成人礼也是一次选美活动，女孩们跳锅庄时，观众边看锅庄边评价女孩的穿戴、舞蹈、嗓音、体态，议论她们的家族历史、富裕程度、亲戚多少、家境好坏等，一些快要娶媳妇的人家则利用这个机会挑选儿媳。

莫洛村村民格宗志玛是成人礼非遗项目传承人。她说：

女孩一般在10岁留头发，7年后就进行成人礼。如果女孩不办成人礼的话，有两个后果。其一，死后在阎王爷那里就要补办，并付出巨大代价。其二，不被允许谈恋爱。以前结婚都在18岁之前。女孩如果意外怀孕的话，就会名声不好，不被允许跳锅庄。补救办法就是在自己家里的屋顶上举行成人仪式。选择在屋顶是因为不好意思，只能在家里屋顶上悄悄进行，但也要编头发。

转山会

在丹巴，各个地方进行的转山活动，其实施方式各不相同。举行仪式的地点一般选择在神山上。梭坡乡达赞片区莫洛村的转山会主要集中在转孜巴龙神山。每年农历四月十二至十五日，村民们都会前往孜巴龙神山下的白塔进行山神的祭祀。从莫洛村出发，他们会从下往上经过左比、八梭、纳依村，绕着孜巴龙神山转几圈。

达赞片区的几个村寨联合起来组织转山会时，通常每8—10户组成一个小组，从莫洛下寨开始，交替承办，全权负责祭山会的筹备以及后续的后勤支持。他们的主要工作是蒸馍馍，打扫场地，购买经幡、彩旗、经盘等，布置好场地，烧茶水，供养喇嘛和贡巴。

在梭坡乡的每一个区域，人们都会从主要的神山到附近的几座神山进行逐一的祭祀。在祭拜山神的地方，每一个村落都设有特定的区域来搭建帐篷，并通过插旗的形式进行标识。祭山仪式中，人们要把祭祀用的物品带到山顶进行供奉。每个家庭都会带着自己的食物到山上，然后和自己寨子的居民在指定的区域围坐，每个家庭再围成一个小圈共享食物。在进餐前，首先要向山神表示敬意，待敬山神之后，人们才会开始进食。

莫洛村信奉雍仲苯教，祭祀的方法也别具一格，由喇嘛用糌粑塑造出不同形态的人或动物作为祭品。转山仪式时，喇嘛、贡巴以及所有这一片区域的人转到其他村的时候，会把带的糖、酒、肉，分享给其他村的人，与此同时对方村中的居民也会回敬。传统社会中，每个村寨都有自己独特的文化习俗和信仰体系，形成了以家屋为单位的"小村落"结构。各个村寨通过共食，形成了一个统一的整体。

转山仪式的主要环节如下：

第一是除秽。要绕场三圈煨桑除秽。

第二是敬赞神。除秽之后念祈福经，在念经的时候端一个盘子出来，盘里有用糌粑做成的骑马的人偶，叫赞鲁（赞神）。每个人都有一个赞神，把赞神敬了，就没有病痛灾难。敬完赞神后，每个人要用头碰一下盘子，然后拿回去放在白塔附近供奉。在以前，人们有什么灾难，就敬相应的神。山有山神，树有树神，水有水神，人有灾病时通过喇嘛打卦明确犯了哪一类神，就可以根据不同情况采取禳解办法。

第三是祭寄魂物。将用糌粑做的寄魂物放在盘子里，盘子里再放上麦子。每个人拿一把吹口气，放到盘子里。麦子是各户自己带来的，也是仪式必需品。

祭品中还有一种，当地人称"多馍"（苯教祭祀最常用的朵玛），所有请来的神都在那里临时落脚。据说转山会念的经有360种，不同的经文应对不同的灾难。在念完经，送走各路神仙后，会将多馍发给大家吃，吃完即可消灾，即使没有参加仪式的人，家人也可以带回去给他吃。

转山会采取集体献祭品给山神的方式，集体祭祀用的祭品是由每次负责组织的几户人家一起准备的，个人不再单独献祭品。进行祭祀的祭品首先需要交给喇嘛，进行除秽，净化，然后用于祭祀。转山会上，贡巴、喇嘛共同出现，但其分工不同。贡巴和喇嘛分别在不同的帐篷中准备祭品。喇嘛先念经和插箭、打卦、除秽，超度世间万物，贡巴负责消灾免难、祈福，武力镇压妖魔鬼怪。

仪式结束之后即可进行庆祝的娱乐活动，主要是跳锅庄和赛马。跳锅庄之前，进行祭山活动的几户组织者要对本次活动做一个汇报。一般是由其中的一位老者进行，汇报的内容主要是总结此次祭山活动的准备和进行情况，报告活动开支，以利于下一年活动组织者参考。

跳锅庄通常要持续3天，转山会的锅庄非常正规，所有人都盛装出席。在祭山处，先严格按程式跳大锅庄，再跳娱乐的小锅庄。

每天都有赛马比赛，赛马比赛通常是由自家饲养的马匹参与，每一次有20—30匹马。赛马的场地位于村寨的马场，比赛的形式是在广阔的草坪上直线奔跑，大约需要2公里的距离，最先抵达终点的队伍将会获胜。比赛中获胜的人可获得肉、酒、糖等奖品。在莫洛，赛马胜出的人将会获得一个充满男子气概的好名声，因为在丹巴，人们普遍认为男性首先应该学会骑马，格萨尔王就是通过参与赛马活动来登上王位的。在这里，马被看作一种象征。赛马的第一个标准是看哪匹马跑得更快，第二个标准是骑手的技巧和勇气。骑手必须能从平地上把马骑到山顶或山坡上去，再进行下坡跑。在陡峭地势下坡跑是对骑马者勇气的一种重要考验，只有敢于下坡跑马的人，才能称得上真正的骑手。在平地上赛马时，会比谁的速度更快。所以要想成为一名优秀的赛马运动员，必须在平时就加强对马的训练，尤其是对骑手的技能进行系统培养。梭坡乡在过去的赛马活动中曾遭遇事故，原因是马匹的训练表现不佳。某一年，一名年轻人骑着马沿着直线向草坪旁的青冈木栅栏冲去，不幸摔倒了。后来，小伙子把马养到了草场里去，并经常和其他马匹一起奔跑比赛。在赛马活动期间，人们经常半开玩笑地建议不要跑到青冈上去。

转山会通常会持续三天，那些居住距离较远的家庭或老人会选择在山上搭建帐篷作为住所。每年，集体祭山的活动仅限于四月进行一次。除此以外，在农历的八月哑巴节期间，各个家庭可以根据自己的实际情况，自主前往山上悬挂嘛呢旗，以祈求好运。

婚嫁

嘉绒的家庭在缔结婚姻时，不设出嫁和入赘的区别，而是分为

"接进来"和"放出去"两类。即无论媳妇还是女婿,只要加入自己家就是"接进来",加入别人家就是"放出去"。在土司时代,嘉绒地区实行严格等级制度。在婚姻上,实行等级内婚。现在则实行自由恋爱。传统的婚姻习俗首先表现在选择对象时特别强调对方家族的"根根",即家族历史及社会地位。1950年前,由于封建门第、等级观念的影响,统治阶级和普通百姓之间不能通婚,即使是土司头人之间的通婚亦有严格的规定和限制,土司与土司、守备与守备或守备与千户、头人与头人之间才允许相互通婚、联姻。今天人们在选择结婚对象时依然看重对方的"根根",但这个"根根"是一种社区的道德声望,指家庭要清白,家族中(包括家族历史上)无人有劣迹,家庭和成员能受到别人的尊敬等。

按照嘉绒地区的传统,禁婚的范围比较大。以前结婚要到很远的地方去结亲,同寨子的人也不能结婚,找结婚对象要去"老鹰飞一个早上,人走三天"那么远的地方。据说由于结亲的地方太远,大家很不方便。后来神仙们全部聚集在卡瓦米东神山脚下,开会打卦,决定距离不一定要那么远,但是若父系血缘相同还是不能结婚。

莫洛村有一个父系血统叫坛脚基(基是根系的意思),这个血统有一个神话传说:在莫洛村旁边的莫德龙大沟,里面住了很多妖精。妖精和神仙结婚,于是就有了坛脚基这个血统,是藏族非常古老的血统。

莫洛村与左比村、八梭村、纳依村属于达赞片区,达赞片区的村落婚礼仪式持续两天,在正式宴请所有宾客的前一天,会举行当地人称为"潘拉"的典礼,这一典礼主要由男女两方的长辈亲戚、村落里的邻里乡亲参加，意在给新人送上祝福。"潘拉"仅仅存在于梭坡乡达赞片区，在梭坡乡的另外两个片区的婚礼程序中则没有"潘拉"。

莫洛村结婚分三个步骤，首先是订亲，然后是婚礼前一天的"潘拉"，最后是婚礼当天宴请宾客，完成这三步，一场婚礼仪式才算是圆满完成。

订亲 男女双方结亲之前要说亲，说亲要看经济水平和家族名声，讲究门当户对，至少对方要有长处，如勤劳、聪明等。男女双方家长都可以提亲，由接进来的一方上门去说。如果男方想找女方家说亲，要请舅舅去对方家，需要携带酒、哈达。说亲时，要把土地、房屋的继承归属权说清楚，同意与否在于对方。如果女方家里同意结亲，可以直接答应；如果无意结亲，会推脱，说孩子现在年龄小，还不成熟，没有准备好等，并不会直接拒绝。不同意的话也不马上退回酒和哈达，会寻找一个方便的时机退回。结亲时不谈聘礼和嫁妆，真正看重的是对方这个人和其家庭。如果双方的亲事定下来，就要打卦看日子，婚礼办或不办，什么时候办，办成什么样子等，都要双方共同协商。

"潘拉" 莫洛村婚礼前一天会举行"潘拉"典礼，在典礼这一天新郎新娘双方重要的长辈基本都会到场，新娘的表姐妹都算是新娘的伴娘。"潘拉"典礼在婚礼的前一天下午举办，若在新娘家举办"潘拉"，新娘父母双方的重要亲戚都会参加，新郎这边的接亲队伍在典礼这天也必须到场，接亲队伍由新郎的长辈、兄弟姐妹组成。若"潘拉"在新郎家举办，那么新娘家仅需送亲队伍参与即可，若二人有一方的村子没有"潘拉"这一礼仪，则不举办。"潘拉"一般在人们吃完午饭后开始，也可根据主人家的时间调整。

为了举行"潘拉"，接亲队伍在当天下午就要到达新娘家中，接亲的人数一般控制在三十人左右。人们提前就请贡巴算好了接亲队伍进新娘家门的时刻。队伍到达离新娘家最近的路口时会有人敬酒献哈达以示欢迎。之后到达新娘家门口，新娘父母亲会再次向新郎献上哈达。参加典礼的人主要是新郎新娘两方的亲戚以及本村的邻里乡亲。

典礼一般在敞房举行，主人家的三楼一般都是敞房和院坝，敞房遮风避雨，院坝视野开阔，敞房和院坝之间没有门，连为一体。因此敞房只有三面墙壁。

在婚礼的前两天，负责婚礼事务的隆里隆通的人员就会帮忙布置典礼仪式的场地，在三楼的敞房和院坝铺上地毯，便于村子里参加典礼的人坐下来休息，还会在院坝搭上帐篷遮风避雨。之后按照敞房的布局在三面墙壁上饰以黄色哈达，并在中间的墙壁上挂上唐卡（一种藏族绘画）。再顺着敞房布局将三张长条藏桌围成开口长方形的形状，

↑ 举办"潘拉"的敞房

↑ 村民正在布置举办"潘拉"的敞房

桌上摆放各种糖果、小吃以及酒水、饮料。

　　敞房内围坐在藏桌边上的亲戚主要是父母及其他长辈，男女方
的亲戚加起来约有四十人，加上院坝里的村民还有帮忙的人，参与
"潘拉"的人数一般为一百多人。届时收礼的两名人员围坐在位于
中间的藏桌边，清点记录礼金。男女方的亲戚则依次围坐于左右两
边的藏桌。新郎新娘席地面向中间的藏桌而坐，新郎新娘身后便是
伴郎伴娘。

　　典礼开始时，敞房内三面藏桌围坐着男女方亲戚，院坝外本村
的村民席地而坐，不时有隆里隆通的服务人员为村民们送上小吃、
斟满美酒，大家聚在一起相互寒暄。等到德高望重的长辈开始发言
时，全场都会安静下来，整个典礼既庄严又神圣。长辈的发言中包

↓ "潘拉"典礼上长辈正在祝福新人

含对新婚夫妇的期许、祝福，每一位长辈发言完毕就从怀里抽出哈达献给新人，然后将礼金交给居中的收礼人，另一位居中而坐的收礼人边记录边高喊：某某哈达一根、现金一千。此后其余男女方亲戚依次发言送礼，等到男女两方的所有亲戚长辈发言、送礼完毕，会有人端来盛有青稞的小盆，大家口里高喊"啦嗦"（意思是典礼圆满结束了），每人抓一小把青稞向新郎新娘头上撒去，撒青稞这一行为是表达大家对新郎新娘的祝福。

"潘拉"主要是本村的村民和男女方亲戚参与，因此中午的饭菜相对第二天的正席较简单，主要是包子和酥油茶。典礼当天早上大概要包1300多个包子，笔者到达典礼现场那天，主人家的院坝内摆着四五张桌子，男男女女围着桌子包包子，揉面的、和馅的、

↓ "潘拉"典礼上长辈正在祝福新人

包包子的、蒸包子的有二三十人，人们分工有序、有条不紊地忙碌着。典礼当天剩下的包子存放于政府发的蓝色不锈钢制的粮仓内，第二天婚礼宴席上再分发。近两点的时候人们开始吃中午饭，十六七桌客人，每张桌子上放着一盆包子和一壶酥油茶，人们大快朵颐，畅谈欢笑。整个典礼持续两个小时左右，新婚夫妇捧着盛放礼金的藏式小端盘下楼后，人们才会陆续下楼，围着篝火跳锅庄、唱山歌，家远一点的村民傍晚六七点就回家了，近一点的邻居和亲戚们享用完晚饭的酸菜面片后才回家，接亲队伍会在女方家住下，参加第二天的结婚典礼。

结婚典礼 莫洛村举办结婚典礼，宴待宾客的场地一般都设在房屋附近的空地上，并在空地上铺上一次性地毯以防灰尘，婚礼的场地一般在四五百平方米，空地中间搭建婚礼仪式的T字型舞台，两边则是宾客入席的饭桌。宽敞、大气的婚礼场地是主人家在尽待客之道。

T字型舞台的背景板约六米长、三米高，背景板上悬挂着藏式风格的画布，

↑ 村民正在包包子作为"潘拉"典礼的主食

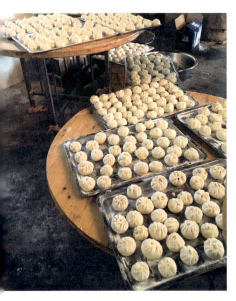

↑ "潘拉"典礼的主食——包子

画布上方还印有藏、汉文的扎西德勒，意
思是吉祥如意。

　　婚礼仪式一般在正午十二点正式开
始，这时新郎新娘需要走到T字型舞台
中间，在众多宾客的见证之下完成整个
仪式。

　　走上T字型舞台之前，新郎新娘需要
完成三项仪式，首先在两人面前放置一个
火炉，里面燃烧着柏树枝，新人需要围着
火炉逆时针绕三圈，以此祈祷二人今后的
生活红红火火、顺顺利利；其次摆放在二
位新人面前的是兑有牛奶和水的大桶，两
位新人要右手蘸水并且向天上洒三下，此

↑ 婚礼场地

举意在祈愿上苍保佑、牲畜平安；最后摆放在新人面前的是盛有青
稞的木箱，两位新人需要手抓一把青稞往天上撒三下，以此祈求五
谷丰登。待到完成三项仪式，新人才能踏上T字型的舞台。

　　等到新人站在舞台中央，婚庆主持人首先代表新娘父母致辞，
感谢客人远道而来。之后新娘家中德高望重的老人会上台发言，其
内容一是对在座宾客表示欢迎，二是对新婚夫妇的叮咛与祝愿。

　　老人发言完毕，新婚夫妇向席上宾客敬酒以表感谢，之后婚
庆主持人继续活跃气氛，语言诙谐幽默，引得在场众人哈哈大笑，
继而婚庆主持人又邀请新娘父母上台，新婚夫妇给老人敬酒，感恩
父母亲的养育。之后，到了新郎新娘接受众人献哈达的时刻，无论
是新娘的长辈亲戚还是村中的父老乡亲，人人手捧洁白的哈达向两

↑ 祈福：生活红红火火

↑ 祈福：六畜平安

↑ 祈福：五谷丰登

位新人走去，每一位给新郎新娘献上哈达的人都会在这对新婚夫妇耳边送上一句祝福语，大家手持哈达、排起长龙，只为向这对新人献上自己最真诚的祝福，献哈达之后，新婚夫妇早被众人洁白而又真诚的"祝福"包围，在众人的祝福与见证下退场。之后新娘的兄弟姐妹们会呈上早就彩排好的歌舞表演，伴随着优美的舞蹈，场上场下欢声笑语，桌上酒杯的碰撞，又将整个婚礼推向新的高潮。歌舞表演一般是两首歌加上四支舞蹈，待到表演结束，桌上的客人已酒足饭饱。

莫洛村婚礼中的"隆里隆通" 作为互助组织，隆里隆通在婚礼这一特定的"公共空间"之中扮演着组织者和策划者的角色。婚礼宴席是一场婚礼的重头戏，丰盛可口的婚礼宴席直接关系着家户在村子里的脸面，隆里隆通在其中的责任十分重大。

莫洛村的婚礼宴席一般有三轮，每轮至少安顿二十桌左右的宾客，第一轮主要是宴请远方的外乡宾客，在正午十二点开餐。本乡的宾客一般都是在第二轮用餐。第二轮的开席时间在下午一点半左右，差不多下午两点半结束。在所有客人用餐完毕之后，隆里隆通和帮忙的人在第三轮用餐，开饭时间在下午三点。到了太阳落山，远一点的宾客陆续回家，新郎新娘及其父母则站在路口送客人离开。天黑之后，会在场坝中央燃起一大丛篝火，没有离开的客人和本村村民，无论男女老少，大家围绕着篝火载歌载舞。晚上十点半左右隆里隆通的人备好晚餐，晚餐过后送走最后一批客人，这场婚礼仪式到此才算是圆满结束。

婚礼日期的前三天，隆里隆通会开会商量婚礼仪式上的各项事务，明确分工。首先确定总管，然后倒茶的、厨房的、酒水的、打扫卫生的小组各选出负责人，负责人再确定找村里哪些人帮忙，主人只需准备好物资放到仓库，把钥匙交给总管即可。

在婚礼上婚宴的开席则是隆里隆通的一场大型的仪式性实践。在客人到来的时候桌子上已铺好桌布，摆好碗筷、瓜子、花生、喜糖，开席之后擦桌摆筷组的成员负责撤下桌上的干果盘子，为酒菜腾地方。当婚礼宴席开席以后，其成员开始上菜，第一轮客人离席到第二轮客人上桌的时间不超过十五分钟，这一切都归功于隆里隆通成员之间默契的合作。每个小组各司其职、默契协作，一切事务都在彼此的信任协作中圆满完成。

厨房几乎没有停歇，厨房请来厨师负责炒菜，隆里隆通安排在厨房的人在厨师的安排下切菜、拌菜、给菜分盘，一切井然有序地进行着；烧茶的话，一般是打酥油茶，以前是用茶筒打茶，现在主要是用打酥油的机器来打酥油茶，负责烧茶的小组长是隆里隆通的人，其余的还有亲戚或者邻居；倒茶的人一般是村子里岁数比较小的男孩和女孩，当村子里没有小孩的时候，就由三四十岁的女性来负责倒茶；洗碗的组长也是隆里隆通的成员，碗的安放地和放剩菜的位置相隔不远，洗碗的阿姨有五六人，有三个大盆子，第一个盆子洗第一遍，剩下的两个盆子清洗第二、第三遍。第一和第二轮客人吃完，第三轮主要是隆里隆通和帮忙的村民吃饭，这一轮大家都是自己顾自己，没有专门的端菜的或者是倒茶的，大家需要茶的时候自己倒，需要米饭自己盛，每桌则派一个人去厨房端菜。

三轮宴席结束后，大家自觉地帮忙打扫场坝，吃完饭就开始跳锅庄。场地中间摆一大罐哑酒。到了晚上就开始做晚饭，晚饭主要是吃酸菜面片。晚上的便饭另外安排组长，这时便不再有白天婚宴上各项分工小组的界限，做好晚饭后会在场坝里面摆一个大桌子，面片装在几个大盆子里面，其他邻居和亲戚在隆里隆通的带领下也会帮忙发放碗筷，舀面片。直到晚饭后洗完碗筷，打理完一切事务再回到家的时候都已接近凌晨。

第二天早上大家会早早地吃完早饭，到主人家里大概是上午九点，帮着主人家收拾东西，打扫屋子，还桌子板凳（桌子板凳是从街上的饭店借的）。中午吃饭的主要有隆里隆通帮忙的人和邻居、亲戚，午餐大多是前一天婚礼剩下的饭菜和新炒的几个菜。吃完饭、帮助主人打扫完婚礼现场里里外外，清点好所有东西之后，隆里隆通的一切事务才算正式结束，之后大家陆续散去。

莫洛村传统的互助组织隆里隆通一直在这个村落大型人生礼仪——婚礼中占有一席之地，掌控着婚礼仪式中的指挥权，扮演着婚礼仪式的策划人与婚礼具体事宜实施者的角色，负责婚礼宴席上的全部工作。从最初的借桌椅板凳、烹饪、安排坐席、上菜以及最后的清洁打扫工作等，事无巨细，这些烦琐杂碎的各项事务，在隆里隆通的统筹之下井然有序、一丝不苟地完成着。在婚礼上，一些直系亲属在这场仪式中则扮演了"局外人"的角色，必须听从隆里隆通的安排，这些体现了隆里隆通在当地社会中的重要性。

葬礼

莫洛村20世纪90年代以前基本实行土葬，现在火葬较多。莫洛村的葬礼主要包括报丧、守灵、出丧与下葬四个环节。

报丧　当村子里有人去世的时候，逝者家人会在第一时间将此事告知周围的亲戚朋友。在人去世之后，隆里隆通会首先开会安排会开车的小伙子去请喇嘛，喇嘛主要都是请梭坡本地的，据当地人说梭坡乡的喇嘛有二十个左右，一般来说，只要喇嘛没有事务在身都会来葬礼；除了请喇嘛之外，隆里隆通还会派人去请贡巴打卦占卜算出丧的时间。

小伙子们去请喇嘛和贡巴的同时，隆里隆通的女性成员会帮忙打扫布置喇嘛和贡巴的房间。喇嘛一般会被安置在高楼的敞房内，搭上木板或者帐篷蔽风，睡大通铺。贡巴的房间与喇嘛的相邻。贡巴一般会在出丧的前一天来到主人家中，贡巴住的地方和喇嘛住的地方分开，两者互不打扰，按各自的仪式送逝者上路。

在莫洛村有这样一种说法，大喇嘛开路之前，逝者的身体是僵硬的，大喇嘛开路以后逝者的身体就会变得柔软。在莫洛村，人去世之后，亲人只有等到大喇嘛开路以后才能触摸搬动逝者的遗体，否则会影响逝者的灵魂转世。请来大喇嘛为逝者开路之后才能为逝者净身穿衣。净身的人一般都是逝者的儿女或侄儿侄女，无论逝者为男性还是女性，至亲的异性晚辈都可参与为逝者净身，净身之后便为逝者穿上寿衣，将遗体安放在事先备好的棺材里。

守灵 将逝者安放在棺材内之后，会将棺材安置在家中，并用帘子将这一区域围住。在出丧前的这一段时间内，喇嘛会念经来超度逝者亡灵，念经一方面为逝者赎免今生的罪过，另一方面则指引逝者投胎转世。喇嘛念经的数目、种类都有具体的规定，每天从早上开始为逝者念经超度，念完之后才能休息。在喇嘛念经的时候，家属们会点酥油灯悼念逝者，一次是108盏。具体次数则由喇嘛念的经书类目决定。与此同时，本村前来吊唁的老婆婆们会齐唱"玛支"（苯教八字箴言），为逝者消灾祈福。

在莫洛村，人们也极其敬奉贡巴，涉及婚姻葬礼等重大事情都会请贡巴打卦或作法。人们会在人去世的第一时间请贡巴打卦算出丧的时间，出丧时间关系着停尸与守灵阶段一切事务的时间安排。之后贡巴会在出丧的前一天到达逝者家中，莫洛村一般实行火葬，火葬地点主要在自家的林地，具体方位则请贡巴打卦决定。在贡巴打卦算定焚烧逝者的方位之后，搭上长方形的木架以放置棺材。

出丧 在莫洛村，贡巴和喇嘛送逝者上路的理念、方式各有不同，喇嘛主要是温柔的一方，使用文法送逝者上路；贡巴则是动用武力超度逝者，比如在出丧前一晚上举行的送魂仪式就可视为贡巴运用武法超度逝者。在当地人心目中，喇嘛与贡巴文武齐用，才算是圆满。在送走逝者灵魂的时候，二者也有各自的理念与方法，贡巴利用"送魂仪式"，喇嘛则捏制"总午"。

"总午"被认为是一个逝者灵魂实物的象征，由喇嘛在出丧之前用酥油和糌粑捏制而成。在火化完逝者将骨灰盒埋葬在地下之后，地表砌的小塔后面会留出空间放置象征逝者灵魂的"总午"，

"总午"放置进小塔之后，意味着送走了逝者的灵魂。

"送魂仪式"是在逝者出丧前一天的晚上举行，时间主要在凌晨，具体的时间节点由贡巴打卦决定。"送魂仪式"开始的时候，所有的小伙子手持刀具或刺把（带有刺的木棒），大声呼喊呵斥，从主人家的高楼一直到楼下牲畜住的地方，包括家里的每一间房间都会巡视一圈，并用手上的"武器"敲打棺材，大声呵斥，目的在于运用武力将阻挡逝者上路的鬼魂赶出家门。整个仪式时间持续十几二十分钟，村中所有的年轻小伙子都会参与，人数在四五十人，这个仪式对于莫洛村人来说是丧礼上不可缺少的重要程序。

在当地人看来，"送魂仪式"结束之后，灵魂已被送走，活着的人便可以安心生活。火化的只是逝者的肉体，这会给活着的人一种心理慰藉。

到出丧时间，由喇嘛主持出丧。出丧的这一天早上吹吹打打送葬，到出丧的地方还要念经。出丧的时候死者头部先出家门。队伍最前面是提香炉的人，然后是抬棺材的孝子和男性亲属等，女性在后面排成两排唱"玛支"。再后是拿旗子的人，喇嘛、贡巴跟在后面。

下葬　莫洛村一般采用火化遗体捡骨安葬的方式。火葬需要使用的木材过去非常讲究，男性死者使用柏树，实在没有柏树，核桃树也可以；女性死者使用果木树，如苹果树、梨树、核桃树等。现在木材一般不讲究树种，但对数量要求严格，必须一次性把遗体烧完，木材不能剩下，更不能拿回家烧。火化前"隆里隆通"安排帮忙的人去砍木柴。火葬地点也有一定区分，男性死者一般在本家住

↑ 火葬墓

↑ 火葬墓

宅上方，女性死者则在本家住宅下方。

火葬时，一般由几名有经验的男子将遗体呈蹲坐式装进正方体的木匣子（棺材）。在喇嘛的指导下，抬至事先架好的柴堆上，将7—8斤酥油、1—2斤小麦和青稞、豆子、芝麻作为供品，撒入木匣内，点火，火化。火化仪式开始，喇嘛盘腿坐在旁边，高声诵念经文，送葬者也跟随念经，并把抬馆的木料及用具一起烧掉。若火化时火越燃越旺，遗体很快被烧成灰，就很吉利；若火忽明忽暗，火势不大，火化时间很长，则认为不吉利。

火化结束，骨灰冷却之后，逝者的内亲将捡拾的骨灰放在已准备好的骨灰盒内，无法拾捡的骨灰则会连同地上的泥土一同收集起来，由内亲男性负责将骨灰盒和带骨灰的泥土一起送到贡巴打卦算好的安葬点。

安葬的墓地是一个事先挖好的深坑，到达安葬地之后，逝者的男性内亲会将骨灰盒埋葬在事先规整好的土坑内，之后则会在地表砌一个长约60厘米、宽约50厘米、高约110厘米的小型塔。在小型塔的前面会留出一个空间放置"总午"，并在塔周围砌一面围墙。围墙砌好之后，同样由逝者的男性内亲将之前未拾取干净的骨灰连带地上的泥土悉数撒在用围墙围好的塔墓周围。下葬时需请五六个喇嘛念经，一边念经，一边将骨灰盒放进墓地，要念3个小时左右。之后喇嘛随主人回到家里继续念经。

猪膘在传统葬礼中扮演着重要角色。丧家在停灵期间待客时，需用大量猪膘。猪膘更是回礼必需的物品。前来奔丧的亲戚都会带猪膘来，以满足葬礼中实用和还礼的需要。人际关系好的家户办丧事时，全乡都会来赶礼，丧家表示感谢时需要送还馍馍和一小块猪

↑ 葬礼

膘。丧家还需要给超度的喇嘛半头猪的猪膘，给念经的喇嘛每人一块猪膘。人们评价丧事办得如何，关键就看回礼所给的猪膘大小和多少。因此，家里有老人时，每年所做的猪膘都会存起来。后来由于生活水平提高，猪膘的食用量减少，浪费量很大，2016年村里和喇嘛商量葬礼不再送猪膘，回礼也不再使用猪膘。

葬礼结束以后要打七，需要专门请一个常驻喇嘛在家里做法事，每七天做一次法事，做七次共四十九天。到第四十九天、周年忌日、三年忌日念经时寨子里的人就都会去参加，也需要把所有的喇嘛请来。

隆里隆通在葬礼中的互助　葬礼对于莫洛村村民来说是一场大型的群体性协作活动。葬礼可以视为莫洛村地方性社会的"公共空间"，一场盛大的葬礼仪式是村落内部各群体互动的特定场域，其间的互助则呈现了村落的社会关系网络。莫洛村葬礼上会同时请来喇嘛与贡巴为逝者超度，这种以两种仪式形式超度逝者的方式，涉及很多繁杂琐碎的仪式事务，再加上需要宴待前来吊唁的宾客，隆里隆通在其间统筹协调这一切大小的事务，保障了葬礼仪式的顺利进行。

当村子里有人去世的时候，这家人的隆里隆通会第一时间到达主人家里，开会商量具体安排。主人家将各项事务大权交付给隆里隆通的负责人"诺布"，由诺布统筹葬礼上的所有事务。他们会将葬礼的各项仪式程序过一遍，针对各项仪式程序，按照隆里隆通成员的性别和年龄分别安排帮工。会议结束后，隆里隆通内的年轻男性分成两批，分别去请喇嘛和贡巴，其他人负责发布讣告，将出殡的时间等具体事项告知家户各处的亲戚朋友。隆里隆通的女性则帮忙收拾准备喇嘛念经和贡巴作法的房间。葬礼仪式上的各项程序，包括搭火化架、修建塔墓、砌墙等也离不开隆里隆通小伙子的帮忙，隆里隆通保障了葬礼各项仪式程序的进行。

葬礼上款待前来吊唁宾客的宴席是一场重头戏，直接关系着葬礼体面与否。在会上，对于葬礼上宾客饭席的准备，隆里隆通会根据以往的经验，按照每个人的强项进行合理分工。负责葬礼宴席的每个分组的小组长从隆里隆通内部选出，各小组的组员不仅有隆里隆通的人员，还有主人家的亲戚和邻居。

莫洛村葬礼最后一天的仪式从清晨出丧到安置骨灰盒，时间持续六小时左右，一般在下午两点左右结束。村子里帮忙的人和逝者至亲会前往葬礼现场，其他前来吊唁的人一般不上坟山。隆里隆通的人员既要提供葬礼仪式程序的体力帮工，又要负责前来吊唁的来宾、贡巴和喇嘛以及所有后勤人员的餐食。葬礼这天的就餐时间根据不同人在葬礼中扮演的角色而有所不同。宴席分为三轮，第一轮是贡巴和客人，在中午十二点半就餐，一点半就餐结束；第二轮是喇嘛和悼念的人，他们是从坟山上回来之后就餐，大约在下午两点半开始，三点半就餐完毕；隆里隆通及所有后勤人员则是第三轮就餐，就餐完毕之后已经是下午五点半左右。

在莫洛村的葬礼中，隆里隆通负责统筹安排葬礼上的各项事宜，主要扮演以下三种角色。

一是通知者的角色。主要有三项任务，首先是在人死之后，隆里隆通的诺布会派人去贡巴处占卜打卦与丧礼有关的方位、时间等各项事宜。其次由隆里隆通的小伙子带领村中其他小伙子在第一时间接喇嘛来为逝者念经超度。最后就是口头发布讣告，告知主人家分布在各地的亲戚朋友出殡的时间等具体事项，像这一类的通知任务，诺布一般会安排村子里干练勤快的小伙子去完成。

二是扮演葬礼仪式各项程序的体力帮工。首先是出丧这天的抬棺、搭建火化架、修建塔墓以及砌围墙等。这一类的任务也有所讲究，隆里隆通负责安排好每项任务的负责人员，首先抬棺的小伙子的属相和逝者不能相冲，其次搭建火化架及砌墙修塔的人员则是村子里擅长搭建工作的小伙子。村中的小伙子在隆里隆通的安排下各司其职、各扬所长，保证了葬礼中各项程序的顺利推进。

三是作为后勤内务人员。主人家采购好举办葬礼所需要的物品之后，诺布掌管放置葬礼各项物资的库房钥匙，所有物资都由诺布管理。收拾房间、打扫卫生等清洁事务由隆里隆通的女性带头完成。灶台周围的事情琐碎繁多，不仅要准备丰盛的餐食招待前来吊唁的来宾，还要为送葬归来的人员及喇嘛准备食物，等到前面两批人用餐结束，才是隆里隆通和帮忙人员的就餐时间。除此之外，所有葬礼上的琐碎事务，如借还桌椅板凳、搭建临时厨房和灶台等都由隆里隆通来统筹安排。

在整个葬礼仪式中，隆里隆通内部存在着明确的职责划分。德高望重、阅历丰富的长者担任隆里隆通的诺布，负责协调、处理、安排整个葬礼上的各项事务。隆里隆通其他人员都会主动服从诺布的安排，不会有任何托辞。正是因为隆里隆通这一互助组织的存在，莫洛村村民在面对这种大型仪式性场合时，早已养成了长期以来的"合作默契",促成了集体性协作行为中既定的社会秩序。在整个葬礼仪式中,大大小小琐碎的事务都由特定的人来负责,这些事务都不需要逝者的家人操心忙碌,安心悼念逝者即可。隆里隆通的存在是一种人性化的制度安排,在葬礼中逝者的子女需要为逝者守灵,无心顾及各项琐碎事务,逝者的父母或配偶也往往会由于伤心过度难以应对葬礼的各项事务。在隆里隆通的协调安排之下,各部门人员在葬礼上的各项事宜上尽心尽力,其展现的独特作用正是隆里隆通得以在莫洛村中维系与传承的内在推力。

莫洛村的土地虽然不多，但是气温较高，农业生产条件比较好，可以种植小麦和玉米。近年来发展蔬菜种植，也产出很多不同品种的蔬菜。林间牧业也是重要的生计，产出猪、牛、羊等畜产品，因而其食材比较丰富，从营养结构和饮食类型看，饮食非常有特色。其中作为家常饮食主食的，主要有玉米制品，包括各种类型的馍、搅团等。作为副食的，主要有猪肉制品和奶制品，猪膘肉在过去的日常生活中作为礼仪食品使用。香猪腿则是现代饮食中的精品，在整个青藏高原享有盛誉，近年来更是被全国市场认可，远销各地。牛奶中提炼的酥油是日常生活的必需品。茶和酒是主要的饮品，茶主要是黑茶制品，包括清饮的清茶和加入酥油的酥油茶。酒则以自酿的青稞酒为主，现在也饮用白酒和啤酒。

↓ 酥油饼

第五章
美食与特产

↓ 腊肉

多样的美食

　　莫洛的主食主要有玉米、小麦、青稞和荞麦，其中用玉米制作的食品品种多，味道可口，主要的肉食为猪肉。

"锅边子"馍馍

　　将玉米面加水在容器中拌匀，用双手捏巴掌大的一团面在两掌间反复团匀后，贴在热锅上。照此逐渐贴满热锅一圈。锅中盛水少许，可以煮瓜菜、土豆等，盖上锅盖后旺火蒸，待熟后起锅。这种"锅边子"馍馍紧贴锅壁的一面有一层厚厚的锅巴，吃起来底部香

↓　"锅边子"馍馍

脆、内部酥软。

"水粑子"馍馍

将新鲜的嫩玉米粒放于磨中磨细，无须加水，仅以嫩玉米粒中的汁就可将玉米面调匀，然后上锅蒸熟。

"火烧子"馍馍

在盛装玉米面的容器中加入适量的水，并用手揉搓均匀，做成圆形饼，放入专用的铁制平坦烙片上将其两面烤黄，然后再埋入火塘或炉灶中的热炭灰中焖烘。熟后，先将"火烧子"馍馍锅巴上的灰拍打或擦拭干净再食用，吃起来酥脆甜香。

↓ "火烧子"馍馍

"刀片子"馍馍

又称"挨刀"馍馍。先在案板上放好玉米面，边掺水边搅和，做成固定的形状，用菜刀切成一二厘米厚的若干片，然后放入笼里蒸熟。熟后用火烤得两面发黄，吃起来又香又脆。

搅团

先做酸菜汤，再做搅团，酸菜汤用自产的芫根叶酸菜、猪膘肉、土豆等制成。将猪膘肉切丁，煸炒出油，加入酸菜炒香，加入豆瓣翻炒出香味，加水熬煮，制成酸菜汤。另起锅烧开水后，把玉米面徐徐撒入锅中，边撒边用筷子搅拌，直至黏稠无生味，制成"搅团"。食用时先把酸菜汤盛入碗中，再放入"搅团"，用筷子一块块夹着吃，边吃边喝酸汤。

汤巴子

先在锅中熬制酸菜汤，然后做面团，在盛有玉米面的容器中加入适量的开水进行揉搓，揉搓成较硬的面团后，用手随意揪出汤圆大小的面团放入汤锅中，如此反复，直至所准备的面团用完，锅中既有块状面团，汤又呈糊状即可。

蒸蒸饭

用玉米面糊和大米做成的饭叫"蒸蒸饭"，分为"金裹银"和"银裹金"两类，"金裹银"玉米面多，"银裹金"大米多。先把大米饭煮好，然后在大米饭中加入玉米面糊，充分搅拌均匀后，放入蒸笼中蒸熟。

香猪腿

　　莫洛村的饮食习惯随着经济增长而逐渐发生改变。随着人民生活水平的提高，人们对饮食品种多样化要求越来越高。改革开放以后，大米和小麦面粉逐步转变为人们主要的食物来源，而鸡、鱼、蛋也逐步成为一般家庭的日常食品。在莫洛村，猪肉依然是主导的肉类食品，特别是香猪腿和猪膘肉这两种食品更是独具特色。香猪腿是每家每户都要制作的佳肴，它非常美味，不仅是在节日或庆祝活动中款待亲友的佳肴，也是与外界交往时的礼品选择。

　　制作流程如下：将已去毛的猪四肢带腿肉整体割下来，去掉皮、肥肉和蹄，剩下带骨精瘦肉。有的人家会涂抹少许盐和香料揉制，多数人家不再作加工，直接挂在屋顶敞口或晾架上晾晒，自然

↓ 晾晒香猪腿

↑ 香猪腿

↑ 村民家保存的猪膘肉

风干即可。风干的香猪腿"状若琵琶"，肉色暗红，可以煮食，也可生吃。香猪腿一下锅便会奇香扑鼻，熟后捞出，可以切成片状或块状，食用时也可随个人喜好加入盐、花椒、辣椒油等，也可不加任何作料直接食用。

猪膘肉

猪杀后，先去内脏，然后割下四肢及猪头，剩下的猪身对剖成两扇，剔下肋骨和连骨瘦肉，仅剩下猪皮和肥肉。再将整扇猪肉放在大锅内煮至七八成熟时捞起，放在平板上加压除水，再放至通风处晾晒，一冬过去，猪膘便算做成。此时，可搬至房内贮藏。因猪膘肉在制作时已有七八成熟，所以，既可以单独冷食，也可以作为油料炒菜和煮汤，做酸菜面皮、玉米面"汤巴子""搅团"等。用时视用量随时割取。猪膘肉的口感既细腻又顺滑，不会让人感到油腻。

日常饮品

茶是莫洛村民的日常饮品，村民常饮的茶是黑茶中的紧压茶，又称砖茶。饮用方式主要有清茶、酥油茶、油茶三种。除了茶，自酿的哑酒也别有一番风味。

清茶

作为最受欢迎的饮料，清茶有助于消暑和解渴，只需将紧压茶茶叶放入清水中，然后加热熬煮即可。这种茶色淡黄透明，味道清香爽口，有特殊香气。在熬制茶叶的过程中，有时会加入少许食盐以消除茶叶固有的碱性味道。用这种方法熬制的茶，不仅能保持茶色不变，而且茶的口感好、味道浓。当清茶变成深褐色时，它被称作"茶母子"，人们既可以直接饮用，也可以与开水混合后饮用。

酥油茶

制作时先将酥油（牦牛奶所提炼的黄油）、食盐、刚刚熬制好的清茶加入特制的酥油茶桶，上下搅打，使上述原料完全融合，便可倒出饮用。还可以加入少许的糌粑面、奶渣和核桃碎、花生碎，增加酥油茶的香味。酥油茶浓香可口，具有很高的热量，

↑ 酥油茶

冬季御寒效果明显，牛奶的蛋白质可以补充营养，茶叶中的维生素

可以弥补当地饮食中蔬菜水果较少的缺陷，茶碱能去油腻，平衡胃的酸碱度。

油茶

丹巴当地也称为"面茶"。这种茶一般在春耕秋收、建房等重体力劳动结束时饮用，以补充体力，消除疲劳。所使用的油料多为牛油、羊油和猪油。制作时先熬制好浓度适宜的清茶放在容器中，然后，在热锅中放入牛油、羊油或猪油中的任何一种油，也可以混合放入锅内，待油炼至一定火候后，或添加糌粑，或添加炒面，进行炒制，炒制过程中，需加入适量的盐，也可以添加生鸡蛋或核桃碎。待炒制到锅内散发出浓香时，用锅铲边搅拌，边倒入清茶，直至油料和各种添加物充分溶于清茶之中即可。这种茶喝起来特别酽，散发着一股浓浓的面香味。

咂酒

咂酒是一种发酵酒，是莫洛村最常饮用的一种酒类，一般是农户自酿。原料为当地自产的青稞、玉米和荞麦等杂粮。所使用的发酵酒曲有两种，一种为市场出售的专用酒曲，另一种是本地自制的"得勒贝"。在每年的5、6月份，采集高山上一种当地叫作"美优"的草本植物的花，采集时在手上涂少许酒，否则会被刺；采集后蒸熟、晒干，碾成

↑ 咂酒

粉备用，这样即成"得勒贝"。粮食按适当的比例配合后，放在锅内煮沸至八分熟，晾干、加曲、装在坛内密封，发酵十天左右，开启坛盖，若粮食表面有一层白膜，说明时候已到，这时开通坛底小口，香气溢人的醇浓汁液便会从坛底渗漏出来，便是咂酒。咂酒颜色黄浊，味道甘美，度数低，男女老少饮用皆宜。

喝咂酒时，将咂酒放在酒坛里，插上麦秆，人们通过麦秆饮用。在庙会或锅庄会等人多的场合是直接把大锅或酒坛放在坝子中央，插上麦秆，不断加入凉开水供大家饮用。还可以通过蒸馏法从咂酒中提炼出无色的白酒，只是日常生活中制作和饮用都不多。

↓ 用咂酒蒸馏浓度更高的白酒

　　青藏高原高山林立，对山的神化是非常普遍的现象。莫洛村位于坡度很大的山坡上，周围高山环伺。在莫洛村民的身边，有大的神山墨尔多神山，也有属于本村落特有的小神山。每一座神山都有自己的山神，人们会修建塔或庙来供奉山神，按时举行仪式祭拜山神。神山的祭祀方式有两种，一种是"转山"，即绕转神山并挂风马旗。一种是"煨桑"，即日常祭祀，在家里屋顶进行烟祭。研究发现，山神信仰是青藏高原早期多神信仰的留存，其产生和发展都早于苯教和佛教。与山神信仰相伴的许多神秘传说，是人们在高山峻岭中认识和处理人与自然关系的探索和表述。

↓ 卓绒和远处的孜巴龙神山

第六章
千年神山与
神秘传说

墨尔多神山

　　丹巴县境内有众多高山，著名的高山主要有大炮山、党岭山和墨尔多山，其中墨尔多山是嘉绒地区有名的神山，位于小金川下游岳扎乡境内。据藏文史料记载，远在一千多年前，墨尔多山就是苯教和藏传佛教的圣地，有毗卢遮那等宗教大师在此修行和传教，还有汉族僧人和学者在这里修行，从事经典翻译。清乾隆四十一年（1776）平定金川后，清廷将墨尔多山载入祀典，春秋祭祀。

　　墨尔多山的自然风光令人叹为观止，山上有108景，尤以墨尔多庙、云雾石笋、神仙洞、罗布铺、箭穿孔、封顶云海、海子、自

↓ 云绕墨尔多山

生塔等风光著称。由于是苯教和佛教共同的神山，墨尔多山不仅在嘉绒地区享有极高的声誉，被称为"嘉绒第一大神山"，而且在整个藏族居住区也有很大影响，甚至被列入藏族居住区"四大神山"之列，享有"神山之王""东方圣山之王"的美誉。墨尔多山崇高的宗教地位，使它成为嘉绒

↑ 墨尔多神山与梨花

地区信仰体系中的核心，具有强大的凝聚力和号召力。

传说很早以前，青藏高原的各大神山，为统一归向和领导权，发起一次天下群神集会，目的是排座次，分划隶属关系。原

↓ 墨尔多神山与麦田

则上以喜马拉雅山为中心，向四面分东、西、南、北，每方有九万九千九百九十九座大神山，都要选一定数量的代表出席会议，去商讨归向和群神册封立位。会议决定通过讲经说法和比武进行比试，夺魁者确立为群山首领。

集会开始，各方山神落座，会场上方空着一把龙头扶手玉石雕花椅子。会议主持者和发起者看群神聚齐，当即宣布会议开始，突然，从东方飞来一位山神，昂首走进会场，见场中除上方有一空席，别无坐处，他向四周低声询问，无人理睬他，于是直登首席座位，顿时场中哗然，群起而攻之。他不慌不忙地说："讲经说法排座次，比武强弱分高低，何方获胜归何方，是本次群神聚会的宗旨，为何场中我无座席？想必是大家推我登座的。"说着他拱手作谢，向四方群神再三致谢，群神气极，纷纷提出与他辩经说法。谁知这位山神造诣极深，经过七七四十九天的讲经答辩，把群神一个个击败，夺得了第一关的胜利。紧接着第二关比武开始，又经过九九八十一天的激战，还是他获胜。这下子群神不得不服，只好让他登首席。当他登位摘帽向众神致意时，大家发现他是秃顶，而且熠熠有光，群神不约而同地惊呼"墨尔多！墨尔多！"

墨尔多山神夺魁归来时，一位从西方赶会来迟的山神"夺尔基"不服，追至墨尔多山前，提出要比武争高低，墨尔多同意了，并让他先动手。夺尔基挥动神剑砍向墨尔多，每砍一刀，墨尔多便微笑着往空中腾跳一下，脚下的岩壁被砍，留下一道深深的剑印。就这样他一连进攻一百零八剑，墨尔多向山头跃了一百零八步，从山脚至山顶留下一百零八道剑砍梯印，至今从山脚墨尔多庙至山顶，共有一百零八级阶梯留在绝壁险峻处，供人们登攀。墨尔多跃至山顶，无处再跃，就说："该我还击了吧？"他取下肩挎的神弓，嗖地射出一箭，将夺尔基头上毡帽射落在地，吓得夺尔基一身冷汗，低头向墨尔多认输。至今在墨尔多神山北面有一雄峰，状如向墨尔多山躬身哈腰，这就是夺尔基神山。在它的左背面，有一小山峰，状如一顶毡帽。当地藏语称其为"梁"，意为毡帽。这次比武后，四周群山均臣服于墨尔多。

清乾隆年间，廓尔喀入侵，清王朝派墨尔多山地区的嘉绒兵出征。激战中，敌人把他们团团围困，眼看就有灭顶之灾，他们向天地神灵祈祷，均不灵，最后，他们想起家乡的墨尔多山神，全军将士齐向东方跪地祷告求助。突然天空一声霹雳，祥云中墨尔多山神骑着白马，手中神旗挥动，指石成兵，击退了敌军。军队乘胜追击，把侵略军赶了出去。这批嘉绒兵警告敌人说，如若再犯，我们在墨尔多山神的保佑下，会把入侵者消灭干净。从此，边境安宁无患。

环绕莫洛村的神山

整个梭坡乡的主要神山有六座，分别是卡瓦米东、郭维嘉莫则颂、娘噶、扎拉彭颂、年庆琼那仁切、念青中宗。

卡瓦米东

卡瓦米东意即常年积雪，形状像人的山峰，因此被称为雪人峰，是墨尔多神山的长子。传统的供奉时间为每年农历三月二十五日，供奉地点位于萨唐拉则，仪式由贡巴主持、喇嘛协助。此山地势险峻，山路艰难，很少人转山，一般人都在山下的拉则处进行供奉和祈祷。

郭维嘉莫则颂

郭维嘉莫则颂神山的形象为人骑青龙，手持弓箭和宝剑，以

↓ 神山分布

形似苍鹰和雀鹰飞旋的方式运动。据记载，山神郭维嘉莫有三个角，一角为协助人类，代表和谐；一角为保佑施主，代表权力；一角为为民降魔除妖，代表愤怒。达赞片区的居民于农历四月十五日供奉此山。此山所在地禁止杀生打猎、砍伐树木等破坏生态的一切举动，特别是山顶上不准带铁器，否则会遭受冰雹和旱灾等自然灾害。

娘噶

娘噶位于郭维嘉莫青龙的后颈上，青龙的后颈为白色，正与此地白云连绵、山峦起伏的景色相符，因此，此地名为娘噶。祭祀此地的拉则叫娘噶拉则。

扎拉彭颂

此处有三个巨石，分别是战神、财神、大战神。扎拉彭颂的祭

祀没有规定的时间，村民可自行前往祭祀。

年庆琼那仁切

当地的口语又称为孜巴龙，神山形似俯瞰的琼，相传苯教创始人敦巴辛绕放了九只琼鸟，其中黑色的降临于此地，被称为"年庆琼那仁切"。神山位于中路和梭坡之间的山梁上，平均海拔3400米。梭坡乡的左比、八梭、纳依、莫洛以及中路乡的部分村落都要供奉。供奉时间为农历四月十五日。传说这一天是年庆琼那仁切的生日，人们要举行历时5天的转山供奉活动，在山巅和山道沿途的"拉则"举行煨桑、抛撒隆达（风马旗）、吹海螺、悬挂风马旗、念颂词等仪式。平常村民可按个人需求自愿供奉。集体供奉年庆琼

↓ 神山

那仁切时，需按人们在当地定居的时间决定煨桑等仪式的顺序，由长者或善言者主持仪式。供奉时每个村均有独立的煨桑台。过去供奉时不能登顶，只能在山脚或山腰煨桑祈祷，女性不可上山煨桑。现在男女均可上山供奉煨桑，且可以登顶挂经幡等。但仍然不可大声喧哗、乱砍树木、杀生等。

相传年庆琼那仁切是墨尔多的大管家，另说它是墨尔多的大将军。有许多苯教僧侣在此修行，其中有名的有雍仲慈成、丹增益西、慈成奥赛、卓贡辛绕扎巴等。

念青中宗

念青中宗是一位财神，口语称为卓绒。据说它是龙王坐那仁青的寄魂山，因而是龙的宝库。由达赞片区的八梭村日赞寨子的22户集体供奉。供奉时，禁止使用带有琼画像的经幡和隆达供奉。人们通常通过观察卓绒山顶的云雾判断是否会下雨。

主要修行地

由于神山空间的神圣性，很多神山都留下过修行者的足迹。莫洛村也有许多关于修行者的遗迹。这些修行者除了苯教的僧人外，还有一种民间修行者，当地人称为"贡巴"。他们平时不脱离生产劳动，娶妻生子，为本村村民提供仪式服务。有村民延请，就根据需要诵经、祈福、禳灾、占卜。在莫洛村村民的日常生活中，贡巴和苯教僧人有比较严格的分工。寺院的僧人负责在葬礼中为亡者开路念经，或者做一些宗教活动。而贡巴则负责给建房、婚嫁活动预测吉凶祸福，给病丧者禳灾、驱鬼，给外出者测算吉日。丹巴的贡巴一般属于两个教派：部分属于苯教，称为"苯波贡巴"；部分属于藏传佛教宁玛派，称为"班底贡巴"。贡巴举行仪式时的仪轨，带有古代苯教巫师的特点，因而非常注重修行。

扎格洞

主要修行者是一位名叫扎格苯波的喇嘛，他曾在此洞中闭关修行。现在该处有座塔，塔中有这位喇嘛的灵体，由达赞片区和中路的村民共同供奉。

念卡伦洞

位于莫德龙大沟。莫德龙是达赞和梭坡中间峡谷的上半部分。这是由地壳运动形成的一道宽四五百米的裂谷，长约一万米。念卡伦洞处于正中部最深的裂谷底部，谷深有六七百米。两边是陡峭的悬崖。在莫德龙大沟里有很多山洞，实地踏勘可以判断曾有人在此修行。念卡伦洞洞口呈半圆形，直径有四五米，洞口边缘是天然形成的瓦灰色石棉，呈条形，覆盖均匀，远看像古城大门，四周风景美丽迷人。

每年四五月份有七天，当太阳照在咔哇莫多的石碉上，碉影会显现在此洞中，寓意着阴阳结合。莫德龙大沟旁的莫洛村人在讲述自己的来源时，认为自己就起源于莫德龙大沟旁边的坛脚基。在那七天里，人不能去念卡伦洞附近，这几天是神仙和妖精结合的日子，坛脚基是他们的后裔。

关于念卡伦洞有一个传说。传说在洞内有一对修炼的母女俩，修炼几千年以后，母亲成了十恶不赦的魔王，而女儿却成了心地善良的仙姑。女儿每天积德行善以求为母亲减轻罪过。她们周游世界，分别在春、夏、秋、冬四季居住于不同地区的魔境内。而在念卡伦洞内的居住月份正是秋季的七、八、九月份。每当到了这个时候，母亲会骑着一头大白猪回到洞内，这里的人们也将蒙受灾难。有一次，一位法力高强的贡巴为了降妖伏魔，在她来临之前在魔洞内施法等待。突然间山谷中阴气逼人，整个大地都在颤抖，远处传来的猪叫声震荡整个山谷。此时等候在洞内的贡巴方知女魔的法力非同一般，心惊胆战的贡巴只好主动去迎接她。贡巴把祭坛上的所有供品都献给女魔，女魔并不领情，仍然施咒。贡巴怎么样也无法逃脱魔法咒语，只能苦苦哀求，放他一条生路，可是得寸进尺的女魔要贡巴以自己的肉身来供奉她。贡巴抵死不从，女魔在疯狂的笑声中变成一头巨大的白猪，张开大嘴，巨大的猪嘴遮住整个山洞口。在贡巴危在旦夕之时，仙姑解下自己的围裙，蒙住母亲的嘴巴，让贡巴悄悄地从母亲的下巴底下逃跑了。虽然贡巴逃出了魔洞，可是一路被女魔追杀。女魔骑着一头大白猪一路追赶，他们穿过森林，越过山丘，女魔离贡巴越来越近。贡巴突然发现前面的山坡上有一座三塔连体的佛塔，面对死亡的威胁，贡巴向佛塔跪地磕头，乞求佛塔容他藏身以躲过女魔的追杀。贡巴顺着佛塔顺时针转了三圈，逆时针转了三圈，然后钻进了塔身内。法力高强的女魔循着贡巴的味道发现他藏身在塔内。女魔变身魔猪，把佛塔掀斜，那一刹那间好像大地在颤抖，山谷在崩塌。可是由于佛法无边，佛塔倾斜后便纹丝不动，女魔只好离去。直到今天这佛塔正如传说中一样塔身倾斜。

在佛塔的佑助下贡巴终于得救了，但贡巴一直担心女魔所施的咒语会让自己遭遇不幸。为了让自己心安，他跑到自己往常作法的残碉下开坛打卦，得知他将会在三周之内死于黑鸟之手。于是贡巴陷入了悲伤和忧惧之中，整天躲在家里看外面有没有黑鸟的影踪，可是怎样也没有发现黑鸟。三周即将过去，尽管贡巴打卦是精确无误的，也不免怀疑自己是否算错了，于是再次跑到碉下作法，开坛打卦，正当他跪地磕头祈求道法时，残碉上的一只乌鸦抛下一块石头砸在他头上，贡巴死在了碉下。

白岩洞

位于莫德龙大沟。传说以前没有莫德龙这条大沟，那时人妖混杂居住，妖精常出来吃人，后来神仙就用神棍开了一条沟，让妖精住在沟里，人住在两侧的坡上，不准妖精再出来吃人。同时，神仙让人每年杀一头羊供养妖精。从此以后，妖精就不再吃人了。白岩洞里有很多壁画，目的就是镇住妖精。

白岩洞是苯教喇嘛修行的场所，当地有很多传说，大家都认为洞里有那么多喇嘛修行过，求什么事情都会很灵验。

1978年以后，白岩洞的灵验被重新提起。现在大家都很重视孩子上学，家里有成绩好但考试成绩不理想的孩子，人们就去白岩洞敬神，祈求第二年高考考上。后来逐渐大家都去敬，祈求考学顺利。现在这个洞俨然已经成了"考神"。敬"考神"要注意时间，必须上午去敬，上午的时候这个"考神"形象是个喇嘛，专门办好事，到下午太阳偏西，就变得人不人，妖不妖了，因为他是神仙和妖精的后代。

除此以外，莫德龙大沟还有一个传说：沟里以前住着妖精，

↓ 莫德龙大沟

是两母女，母亲法力强大，女儿性情慈悲，贡巴师徒二人与之斗法。时间长了，小妖精和小贡巴渐生感情，常常趁母亲和师父不在，就在沟口的大石板上约会。有一天正在约会时，突然妖风刮起，小妖精知道妈妈快来了，就让小贡巴快跑。没成想妖精妈妈转眼就到了，小妖精只好用裙子盖住贡巴。妈妈到了以后说闻到有人味，小妖精答说是有人捡柴路过，于是妖精妈妈去追。小贡巴就跑了，妖精妈妈发现不对，返回追小贡巴，快要追上的时候，小贡巴就把手里的一颗念珠扔过去，变成大海，妖精渡海来追。如此，108颗珠子用完，小贡巴也终于跑到家门口，他师父用三叉把妖精挡在门外。从此与妖精约定各住各的地方，不相往来。

↓ 莫德龙大沟

萨堂

萨堂是一块斜坡，是卡瓦米东的供奉地。此处有很多房屋遗迹和古老的树木。

↓ 莫德龙大沟上的桥

参考文献

一、著作

[1]李锦.家屋与嘉绒藏族社会结构[M].北京：社会科学文献出版社，2017.

[2]李玉琴.藏族服饰文化研究[M].北京：中国书籍出版社，2020.

[3]马长寿，周伟洲.马长寿民族学论集[M].北京：人民出版社，2003.

[4]雀丹.嘉绒藏族史志[M].北京：民族出版社，1995.

[5]任乃强.西康图经民俗篇[M].南京：新亚细亚学会，1934.

[6]四川民族学院甘孜州社会科学界联合会.丹巴民族传统文化资源调查报告[M].成都：四川大学出版社，2013.

[7]四川省丹巴县志编纂委员会.丹巴县志[M].北京：民族出版社，1996.

[8]雪牛.丹巴风情[M].北京：中国三峡出版社，2003.

[9]杨嘉铭.千碉之国[M].成都：巴蜀书社，2004.

[10]邹立波.明清时期嘉绒藏族土司关系研究[M].北京：中国社会科学出版社，2017.

二、论文

[1]陈颖，张先进.四川藏寨碉楼建筑及可持续发展研究——丹巴县中路—梭坡藏寨历史与现状[J].学术动态，2005（2）.

[2]陈玉，成斌，高明，等.丹巴嘉绒藏族石砌民居调查研究[J].城市住宅，2017，24（3）.

[3]高威迪.嘉绒藏族莫洛村调查及其保护规划研究[D].西安：西安建筑科技大学，2016.

[4]关雪峰.浅谈嘉绒藏族古碉建筑——丹巴县中路、梭坡碉楼民居[J].住区，2012（4）.

[5]韩腾.论嘉绒藏族土司祖源的四种文本及其文化特点[J].青海民族研究，2016，27（3）.

[6]红音.嘉绒藏族碉楼考察与思考[J].西南民族大学学报（人文社会科学版），2014，35（8）.

[7]江影.丹巴嘉绒藏族劳动歌曲概述[J].乐山师范学院学报，2013，28（9）.

[8]凌立.丹巴嘉绒藏族的民俗文化概述[J].西北民族学院学报（哲学社会科学版·汉文），2000（4）.

[9]刘明祥.千碉之国——莫洛村[J].小城镇建设，2006（9）.

[10]洛嘎.丹巴嘉绒藏族民居[J].重庆建筑，2016，15（9）.

[11]宋赞良.从乌拉差役看西藏农奴制下的"人权"[J].中国藏学，1988（4）.

[12]王怀林.探秘东女国之都[J].康定民族师范高等专科学校学报，2006（2）.

[13]肖举梅.丹巴县嘉绒藏族的人生礼仪及择偶习俗[J].西南民族大学学报（人文社科版），2003（11）.

[14]徐君.康区藏族村寨宗教信仰：承传与变异——丹巴县梭坡乡莫洛村的宗教人类学考察[J].宗教学研究，2002（2）.

[15]徐君.转型中的康区藏族村寨——丹巴县梭坡乡莫洛村考察报告[J].西北民族研究,2004(1).

[16]于华.嘉绒藏族女性成人礼[J].寻根,2013(1).

[17]张朴.丹巴县梭坡乡莫洛村藏族的婚姻与家庭[J].西藏研究,2004(2).

[18]周洋.嘉绒藏族地域性聚居景观特征图解与探析——基于丹巴县梭坡乡案例[J].广东园林,2014(5).

图书在版编目（CIP）数据

中国历史文化名村. 四川莫洛 / 中国民间文艺家协
会组织编写；潘鲁生，荣书琴，刘超总主编. — 北京：
知识产权出版社，2025. 5. —（中国历史文化名城·名
镇·名村丛书）. — ISBN 978-7-5130-9944-8

Ⅰ. K928.5

中国国家版本馆CIP数据核字第2025KU3927号

责任编辑：赵　昱　　　　　　　　　责任校对：王　岩
装帧设计：研美文化　　　　　　　　责任印制：刘译文

中国历史文化名城·名镇·名村丛书
中国历史文化名村·四川莫洛
中国民间文艺家协会　组织编写
总 主 编　潘鲁生　荣书琴　刘　超
本卷主编　李　锦

出版发行：知识产权出版社 有限责任公司　　　网　　址：http://www.ipph.cn
社　　址：北京市海淀区气象路 50 号院　　　　邮　　编：100081
责编电话：010-82000860 转 8128　　　　　　　责编邮箱：zhaoyu@cnipr.com
发行电话：010-82000860 转 8101/8102　　　　发行传真：010-82000893/82005070/82000270
印　　刷：天津市银博印刷集团有限公司　　　　经　　销：新华书店、各大网上书店及相关专业书店
开　　本：720mm×1000mm　1/16　　　　　　印　　张：12
版　　次：2025 年 5 月第 1 版　　　　　　　　印　　次：2025 年 5 月第 1 次印刷
字　　数：136 千字　　　　　　　　　　　　　定　　价：80.00 元
ISBN 978-7-5130-9944-8